Hans-Peter Dürr

Es gibt keine Materie!

crotona

Hans-Peter Dürr

Es gibt keine Materie!

Revolutionäre Gedanken
über Physik und Mystik

Crotona

ISBN 978-3-86191-028-2

Deutsche Originalausgabe
7. Auflage 2018

Kammer 11 • D-83123 Amerang
www.crotona.de

Umschlaggestaltung von Annette Wagner
unter Verwendung ARENA Creative 70070140 © shutterstock.com

Druck: CPI • Birkach

Inhalt

Vorwort

Dem nachfolgend wiedergegebenen Gespräch liegt eine längere Vorgeschichte zugrunde. Meine Wege haben sich mehrmals mit denen von Hans-Peter Dürr gekreuzt, darunter ein langes Pfingst-Wochenende auf dem Monte Verita in Ascona, dem berühmten »Berg der Wahrheit«, der schon so vielen spirituellen Impulsen als Inspirationsplatz gedient hat. Anlass war damals eine Veranstaltung über die »Geburt eines neuen Weltbewusstseins«. Am Pfingstsonntag begannen wir nach dem Abendprogramm noch ein Gespräch über die zum Teil schier unglaublichen Hintergründe und »Zufälligkeiten«- bestimmter weltgeschichtlicher Ereignisse, vor allem im Zusammenhang mit dem Bau der ersten Atomwaffen, über die Hans-Peter Dürr in faszinierender Weise aus seinen Begegnungen mit den Beteiligten berichten konnte.

Im Verlauf dieses Pfingst-Treffens kamen wir dann auch auf den »Dialog der Weltreligionen« zu sprechen, und Hans-Peter Dürr zeigte großes Interesse an meinem Konzept von »Weltreligion«, das ich in einem gleichnamigen Buch niedergelegt hatte. Ich versprach, ihm gleich nach meiner Rückkehr ein Exemplar zukommen zu lassen.

Schon wenige Wochen später bekam ich einen langen, sehr freundlichen Brief mit einer ausführlichen Stellungnahme. Hans-Peter Dürr hatte »Weltreligion« außerordentlich gründlich studiert und war interessiert, sich den dort angesprochenen Themen noch intensiver – auch im Dialog – zuzuwenden.

Bei einem Mann, der, im neunten Lebensjahrzehnt stehend, einen Terminkalender zu bewältigen hat, der einen Fünfzigjährigen wohl überfordern könnte, ist es nicht einfach, einen Zeitpunkt zu ermitteln, der Raum für einen langen Dialog bietet. Nach einem weiteren Vorgespräch in Zürich fand sich dann aber doch ein Platz in seiner Agenda.

Unser Treffen war im Max-Planck-Institut in München anberaumt, das weiterhin die wissenschaftliche Heimstatt von Hans-Peter Dürr ist. Wenn man das unscheinbare Gebäude am Stadtrand von München betritt, findet man seinen Namen noch immer an prominenter Stelle an der Orientierungstafel im Eingangsbereich, und man ist geneigt anzunehmen, dass sich hier seit etlichen Jahrzehnten nicht viel geändert hat.

Sein Arbeitszimmer im Institut ähnelt einer kleinen Bibliothek. Man wundert sich, wie angesichts der Bücherstapel, die Wände und Tische füllen, überhaupt noch ein kleiner Arbeitsplatz bleibt, um die extrem umfangreiche Korrespondenz zu bewältigen, die ein »Weltreisender in Diensten der Wissenschaft« abzuarbeiten hat. Heute in Peking, morgen in Washington – Hans-Peter Dürr ist nicht nur ein überaus gefragter Referent und Berater, sondern er ist phänomenal gut vernetzt. Dadurch kann er politische und gesellschaftliche Entwicklungen in Ost und West, in Nord und Süd besser einschätzen als die meisten seiner Kollegen, die im wissenschaftlichen Betrieb stärker eingebunden sind.

Interessanterweise befinden sich unter seinen Gesprächspartnern nicht nur Wissenschaftler oder Politiker, sondern Hans-Peter Dürr findet stets Zeit, um sich mit buddhistischen Mönchen oder christlichen Zen-Lehrern zu treffen und mit ihnen über ihre Weltsicht zu reden. Dieses weite Spektrum hat dazu geführt, dass ein weltberühmter Physiker mit Advaita-Anhängern oder Zen-Buddhisten auf Augenhöhe spricht und als gleichberechtigter Dialogpartner anerkannt wird.

Hans-Peter Dürr weist gerne mit einem Augenzwinkern darauf hin, dass er »nie im Leben meditiert hat«. Was seine spirituellen Gesprächspartner zu der Replik veranlasst: »Du meditierst eben auf Deine Weise!« Es ist dieser Geist des Meditativen, diese »Physik des Kontemplativen«, die ihn wie kaum einen anderen Naturwissenschaftler der Gegenwart dazu qualifiziert, intellektuelle Brücken zwischen scheinbar unvereinbaren Welten zu errichten. Unser nachfolgendes Gespräch stellt eine dieser »Brücken« dar. Möge sie von vielen Interessierten in beide Richtungen beschritten werden!

Dr. Peter Michel

I.

Transzendenz

Peter Michel (PM): Sie greifen in Ihren Büchern und Vorträgen häufig auf Metaphern aus dem Advaita Vedanta zurück, vor allem das vedische Konzept von Transzendenz und Immanenz scheint Ihrem eigenen Denken nahezustehen. Im klassischen Advaita heben sich Transzendenz und Immanenz im Moment der Erleuchtung auf – daher A-Dvaita, die Nicht-Zweiheit. Im Sanskrit wird das durch die beiden berühmten Formulierungen »Tat tvam asi« (Das bist du) beziehungsweise »Aham brahmasmi« (Ich bin Brahman) ausgedrückt. Als, wie Sie sich gerne nennen, »liebender A-Theist« neigen Sie offenbar dieser Konzeption zu. Das drückt sich auch in Sätzen aus wie: »Der Schöpfer ist mit dem Urgrund der Schöpfung identisch.«[1]

Lässt sich aus Ihren Einsichten in die quantenphysikalischen Erkenntnisse auch eine Konzeption bestätigen, die den Transzendenzgedanken im absoluten Sinne aufrechterhält? Ich denke dabei etwa an die Lehre des bedeutenden Kabbalisten Isaak Luria, der in seiner Idee des »Zimzum« von einer »Selbstbeschränkung Gottes« ausgeht. Gott hat sich zuerst in sich selbst zurückgezogen, um dann in den entstandenen »Raum« die Schöpfung zu manifestieren. Andernfalls, so Luria, gäbe es nichts anderes als GOTT. Gott umhüllt in seiner Lehre die Schöpfung und durchdringt sie, ist aber nicht »eins« mit ihr.

Hans-Peter Dürr (HPD): Es gibt natürlich in der Quantenphysik unterschiedliche Deutungen. Für mich war es stets einleuchtend, nachdem ich festgestellt hatte, dass die Schöpfung selber kreative Eigenschaften hat, dass es wenig Sinn macht, einen Gott aus der Schöpfung herauszunehmen und ihn dieser gleichsam gegenüberzustellen. Wenn man Gott und Schöpfung identifiziert, dann entgeht man vielen Problemen, welche der modernen Physik immer wieder Schwierigkeiten bereitet haben. Wir haben

1 Hans-Peter Dürr, Geist-Kosmos-Physik, Amerang 2010, S. 42

zwar in der Physik inzwischen zahlreiche strenge Gesetze entdeckt, aber wir sind gleichzeitig ununterbrochen auf dem Weg, weitere Gesetzmäßigkeiten zu entschlüsseln. Ich denke, mein Satz, dass wir »mehr erleben, als wir begreifen können«, gilt auch heute noch.

Viele Erscheinungen sind vorhanden, aber wir interpretieren sie noch nach den Aussagen der alten Physik, was allein an unserem begrenzten Bewusstsein liegt. Wenn wir weiter intensiv die Schöpfung erforschen, werden wir tiefere und umfassendere Gesetze erkennen. Die Quantenphysik geht teilweise sogar so weit zu sagen: »Das Begreifbare gibt es gar nicht!« Begreifbar im eigentlichen Sinne ist etwas, bei dem ich auf eine gewisse Frage eine klar definierte Antwort erhalte. Also begreifbar im Sinne von klar umrissenen Begriffen. Heute lässt sich allerdings manches nur noch mit Verben ausdrücken.

PM: Sie meinen das Prozesshafte des Geschehens lässt sich nur noch durch Verben ausdrücken?

HPD: Ja, das Prozesshafte! Das lässt sich in Analogie vielleicht mit etwas so Geheimnisvollem wie der Liebe erklären. Wenn mich jemand fragt, ob ich erklären kann, was Liebe ist, dann verneine ich die Frage. Wenn er dann weiterfragt, warum ich das nicht vermag, wo doch alle davon reden, dann muss ich ihm antworten: »Wenn du versuchst, die Liebe zu erklären, dann zerstörst du etwas; denn in dem Augenblick, wo man meint, die Liebe begriffen zu haben, hat man sie zerstört!«

Die Kunst besteht darin, etwas zu verstehen, ohne es in klar umrissene Begriffe oder Kategorien zu pressen. Diese Aussage löst dann gerne wieder die Frage aus, wie man so etwas denn lernen könne. Meine Antwort darauf lautet dann: »Du wirst es lernen, indem du einfach wach durch das Leben gehst!«

Wenn ich meinen Gesprächspartner dann nach Jahren wiedertreffe und er sagt mir, er habe sich verliebt, dann kann ich ihn fragen, ob er es mir erklären könne. Vielleicht antwortet er dann, dass er dies nicht vermöge. Dann wissen wir zwar beide, was es heißt, jemanden zu lieben, aber wir können das Wesentliche daran nicht erklären. Die Schönheit eines Bildes, die Schönheit der Schöpfung wird zerstört, wenn ich versuche, sie zu zerlegen oder zu zergliedern, um sie zu erklären.

PM: Wenn ich dieses Bild von »Schöpfung« aufgreife, dann blieben wir ja, kabbalistisch wie auch aus der Sicht des Advaita gesprochen, noch immer im Immanenten. Die radikale Frage des Kabbalisten bleibt jedoch bestehen: Wie kann etwas sein, was nicht Gott ist? Es sei denn, wir erklären uns sofort selbst als göttlich. Das führt dann auch den Anhängern der Advaita-Lehre gegenüber stets zu der Frage: Wenn es keine Transzendenz des Göttlichen gibt, sondern das Göttliche sich in der Immanenz vollständig erschöpft, wie kann es dann sein, dass sich das Göttliche selbst unbewusst wird?

HPD: Unbewusst ist vielleicht nicht das richtige Wort. Ich versuche mit dem Wort Advaita mehr zu beschreiben, als ich zu erfahren in der Lage bin. Ich würde in diesem Zusammenhang das Wort »Ahnung« wählen. Ahnung meint etwas anderes als Gefühl oder sogar Inspiration. Beides sind Worte, die etwas ausdrücken, was bereits zum Vorschein gekommen ist. Ich kann beispielsweise sagen, mir sei gerade eine Idee gekommen, die ich schon wochenlang als Ahnung mit mir herumgetragen habe. Dann spricht man von Ahnung in der Vergangenheitsform. Dann ist da ein Ich, das etwas erfahren hat und in der Zeit von einem bestimmten Geschehen spricht. In der »echten Ahnung« ist niemand mehr da, kein Ich, das darüber sprechen könnte. Sobald man beginnt, darüber zu sprechen, beginnt der Dualismus. Dieser Dualismus ist eigentlich etwas Künstliches, etwas, was von mir gemacht ist.

Dieses Beispiel möchte ich auf Ihre Frage nach der

Transzendenz Gottes anwenden: Wenn ich über Gott nichts aussage, dann bin ich gewissermaßen in dieser Transzendenz. Ich sage nicht deshalb nichts, weil ich das nicht will, sondern ich sage nichts, weil sich das Transzendente nicht ausdrücken lässt. Das Immanente ist eigentlich nur die Erinnerung, dass es vorher etwas gegeben hat. In dem Moment, wo ich beginne, das Transzendente in der Immanenz zu erklären, zerstöre ich es.

PM: Könnte man die Transzendenz als potenzielle Wirklichkeit, als Offenheit stehen lassen?

HPD: Diese Offenheit gibt es eigentlich nicht.

PM: Die Offenheit für die Transzendenz?

HPD: Befinden wir uns dann nicht schon in der Dualität?

PM: Nicht wenn man es richtig versteht. Gott ist nicht ein »anderer Teil« – er ist das »ganz Andere«. Die Transzendenz ist nicht der Gegenpol der Immanenz – sie ist das »ganz Andere«.

HPD: Ich würde ganz einfach sagen: »Sie ist DAS!« Die Schwierigkeiten beginnen in dem Augenblick, in dem man anfängt, darüber zu sprechen. Tauchen wir in die Rede über Transzendenz und Immanenz ein, verdrängen wir entweder das eine oder das andere. Es geht um die Frage, ob ich vom EINEN spreche oder von seiner Immanenz. Ich wähle angesichts dieses Problems gerne das Bild vom Wasser. Ich springe ins Wasser. Ich bin im Wasser und bin umgeben von nichts als Wasser. Alles um mich herum ist nass – und es ist ein tolles Gefühl. Ich bin so begeistert, dass ich wieder aus dem Wasser steige, um meinen Kindern zu erzählen, was das für eine herrliche Sache mit diesem Wasser ist. Aber in dem Augenblick, als ich aus dem Wasser steige, bin ich nicht mehr nass. Ich halte verwundert inne, weil ich nicht mehr das Wasser spüre, und frage mich, was ich eigentlich erklären wollte. Also springe ich wieder in die Fluten. Jetzt ist wieder alles klar. Ich steige erneut aus dem Wasser – und wieder das gleiche Problem! Ich bin trocken und kann das Nasse nicht beschreiben.

Ich fange in einer solchen Situation dann an, bestimmte Strategien zu entwickeln. Ich suche nach einer Methode. Vielleicht könnte ich beim Herauskommen aus dem Wasser ein paar Tropfen im Gesicht behalten. Aber die Tropfen sind nicht das Wasser. Die Erfahrung im Wasser ist völlig unvergleichlich mit jener außerhalb des Wassers.

Die Schwierigkeit liegt also im Getrenntsein. Wenn ich im oder unter Wasser bin, kann ich nicht darüber sprechen.

Wenn ich außerhalb des Wassers bin, ist meine Erfahrung eine ganz andere. Nur wenn zwei Menschen im Dialog sind, die beide die »Wasser-Erfahrung« gemacht haben, verfügen sie über eine »Empfindung« oder ein »Gefühl«, die vielleicht einen Dialog ermöglichen. Es ist wie mit der Liebe: Wenn mein Gegenüber auch verliebt ist, ahnen wir beide, worüber wir jeweils sprechen. Wir können es nicht wirklich beschreiben, aber wir erleben ein gewisses »Identifizieren mit dem Anderen«. Das Schöne daran ist auch die Gewissheit, nicht allein zu stehen, sondern verstanden zu werden – obwohl man nicht wirklich über die eigene Erfahrung sprechen kann.

Lassen Sie es mich einmal ganz unphilosophisch ausdrücken: »Advaita meint die Lehre, dass mir einfach die Spucke wegbleibt!«

PM: Eine amüsante, aber durchaus treffende Beschreibung! So, wie Sie es ausgedrückt haben, ist das allerdings eher ein Neuplatonismus im Sinne Plotins als echter Advaita-Vedanta. Wenn ich einige Worte anders fasse, dann haben Sie exakt das beschrieben, was Plotin die »Henosis« nennt. Die Einung mit dem Einen. Wenn ich mit dem Einen vereint bin, in der mystischen Versenkung, dann kann ich nicht darüber sprechen. Wenn ich wieder zurückkomme und versuche, das Erlebte zu beschreiben, bin ich nicht mehr in der Einung. Dieses klassische Dilemma der Versenkung beziehungsweise der Einheitserfahrung hat zum Begriff des »mystischen Paradox« geführt. Das in der Unio Mystica Erfahrene ist in der Getrenntheit nicht mehr sprachlich einzuholen.

HPD: Das bringt mich zu meinem Hauptkritikpunkt an der klassischen Physik. Zu einem Sachverhalt, der mich immer gestört hat. Es geht um den ganzen methodischen Apparat und letztlich um die Trennung von Subjekt und Objekt. Das Bestreben, eine Unterschiedlichkeit zu erkennen, setzt ja bereits eine Dualität voraus. Die klassische Physik ist so aufgebaut, dass es ihr nicht nur genügt, zwischen dem Ich, das etwas anderes anschaut, zu unterscheiden, sondern sie will die »Wahrheit« finden, ohne irgendeinen Einfluss des Beobachtenden, unabhängig vom Beobachter. Wir nehmen ein Objekt und isolieren es von einem Subjekt. Dann nennen wir es »Ding« (eine »res«) und haben die »Realität«. Wenn man aber die Wirklichkeit in die Realität verwandelt, dann hat man genau das zerstört, was das »Dazwischen« ausmacht, was aber von entscheidender Bedeutung ist!

Die Vertreter dieser Weltanschauung behaupten nun, dies sei die einzige Art und Weise, wie man zu einer »absoluten Klarheit« finden könne, wie sie die klassische Physik vertritt. Ich frage dann oft etwas ketzerisch: »Was hilft es euch, wenn ihr wisst, dass nach den Naturgesetzen genau dies und jenes in der Zukunft geschehen wird? Der liebe Gott wusste das schon vorher. Warum sagt er es den Physikern nicht einfach? Er hat das so angelegt, weil die Physiker ja ihre Nobelpreise haben wollen!«

An diesem Punkt greife ich dann zu meinem berühmten Kartenspiel. Ich lege es auf den Tisch und decke immer wieder eine Karte auf. Eine nach der anderen. Die aufgedeckten kann ich schon sehen, die anderen natürlich noch nicht. Dann tritt die Frage auf, ob es da nicht irgendeine Regel- oder Gesetzmäßigkeit gibt. Herz Ass, Herz 2 usw. Aha, die Welt ist aus Herzen zusammengesetzt! Das ist schon eine schöne Erkenntnis, aber dafür gibt es noch keinen Nobelpreis. Also wird weiter überlegt. Herz Ass, Herz 2, Herz 3. Aha, die Welt ist aus Herzen zusammengesetzt und vermehrt sich um eins. Also prophezeit man nun die Zukunft: Herz 4 ist die nächste; und dann Herz 5. Phantastisch! Nobelpreis! Dann kommt man bei Herz 10 an und prophezeit als nächste Karte die Herz 11. Doch plötzlich funktioniert es nicht mehr – es kommt der Herz Bube. Man ist irritiert und nimmt die nächste Karte: Herz Dame! Und dann der Herz König. Man ist weiter irritiert und fängt wieder von vorne an: Pik Ass, Pik 2 usw. Das Herz ist verschwunden, aber es gibt eine neue Ordnung – und wieder einen neuen Nobelpreis – für die Verfeinerung der Zukunftserkenntnis. Aber was nützt uns das? Was nützen uns alle diese Vorhersagen? Ich möchte wissen, damit ich mich vorbereiten kann auf das, was ich in der Zukunft will.

PM: So würde der Mystiker sprechen. Der würde sagen: »Ihr könnt erforschen, erforschen und erforschen. Letztlich werdet ihr immer wieder feststellen – vom mystischen Standpunkt aus gesprochen – dass ihr noch immer unerleuchtet seid.« Die Menschen, die dergestalt suchen, bewegen sich immer auf einer Ebene, auf der wahrhafte Erkenntnis nicht stattfindet.

HPD: Genau so ist es! Ich verstehe dabei nicht einmal, warum ich überhaupt da bin. Und dann werde ich auch noch bestraft, wegen mangelnder Zuverlässigkeit und sündhaftem Verhalten. Man muss doch vorher gewusst haben, dass ich den Fehler begehen würde? Damit sind wir schon mitten im Judentum und Christentum. Da heißt es, hier gibt es die Gebote und die anderen strengen Gesetze. Die gelten zwar für alle, aber für bestimmte Männer – nur die Männer! – für eine bestimmte Klasse von Männern gelten sie nicht mehr in allen Punkten. Diese Männer konnten sich von diesen Gesetzen befreien und ihre Zukunft verändern und selbst bestimmen. Sie haben so ein wenig

Gottähnlichkeit zu sich herübergezogen und sind dem lieben Gott an die Seite getreten. Der hat ja nur eine Woche gearbeitet; und jetzt machen sie für ihn weiter. Dann spielt die Verantwortung und die Einhaltung der Gesetze wieder eine Rolle.

Ich fand das immer eine unfaire und seltsame Geschichte; und die Ersten, die dagegen protestiert haben, waren die Frauen. Sie wollten in diesem vorgegebenen Rollenspiel nicht länger mitmachen, weil sie bezweifelt haben, dass die Regeln stimmen. Wir sind jetzt wieder bei meinem Kartenspiel: Es gibt weder den Stapel noch die richtige Reihenfolge der aufgedeckten Karten! In Wirklichkeit ist es so, dass in jedem Augenblick die nächste Karte neu aufgemalt wird. Die Quantentheorie besagt, dass es diese angenommene strenge Gesetzlichkeit, diese vorgegebenen Regeln und Gebote gar nicht objektiv gibt. Die Zukunft ist offen. Sie ist nicht beliebig offen, aber unendlich offen. Jetzt kommt der Einwand: »Was geht denn über unendlich noch hinaus?« Nun, in der Mathematik gibt es ganze Hierarchien von Unendlichkeit. Wenn ich hier also von »beliebig« spreche, dann meint das, es ist alles mit im Spiel; und wenn ich später einen Mittelwert nehme, ergibt dieser immer Null.

Für alles, was vorhanden ist, gibt es sofort auch sein Gegenstück. Doch es gibt eine Offenheit, die unendlich offen ist. In dieser Offenheit finden wir allerdings eine Tendenz, die gleichsam in sie eingebaut ist, und diese Tendenz darf nicht zerstört werden. Mathematisch drückt sich dies dadurch aus, dass es beispielsweise gewisse Erhaltungssätze für Masse und Energie gibt. Diese Sätze ändern sich nicht. Aber alles andere ist sozusagen frei; ich kann alles Mögliche damit gestalten. In welcher Form die Energie auftritt und welche materielle Gestalt sie annimmt, dies alles kann man verändern; und hier liegt eine immense Kreativität verborgen.

PM: Wenn Sie den Begriff der »Tendenz« verwenden, drückt dieser ja etwas Prozesshaftes aus. Es ist nichts Statisches vorhanden und vielleicht auch keine Endlichkeit. Denn bei einer «vollendeten Erkenntnis«, wie im Advaita oder auch in bestimmten Schulen des Buddhismus, gäbe es keinen Prozess mehr.

HPD: Ich habe vergessen hinzuzufügen, dass es die Zeit nicht gibt. Mein Bild, wonach wir die Karte malen, stimmt nur bedingt. Das entscheidende Element ist der Wechsel, die Veränderung; nicht die Frage, ob die Karte gemalt wird oder nicht. Für den Wechsel ist die Zeit nicht erforderlich. Zuerst gibt es den Verwandlungsprozess. Danach tritt für uns die Zeit auf, weil wir anhand dessen, was wir Materie nennen, feststellen: »Ah. Da hat sich etwas bewegt.« Eigentlich gibt es nur Bewegung.

PM: Ist diese Bewegung eine qualitative? Mystisch gesprochen: Ist es eine Bewegung vom unerleuchteten Zustand zur Erleuchtung, oder ist es eine völlig wertfreie Bewegung?

HPD: Das ist ein rein sprachliches Problem. Wenn ich von Erleuchteten oder von Unerleuchteten spreche, dann habe ich schon wieder Begriffe. Nein, wir haben einfach nur Änderung. Änderung auf Änderung auf Änderung. In der Aneinanderreihung ergibt das eine Form. Es ist ähnlich wie beim Computer, da habe ich auch nur einen Prozess. Ich habe nur die Null und die Eins, die ich aneinanderreihe.

Ich kann auch nicht die Theorie aufstellen, wonach ich immer nur Ja oder Nein sage und dann erscheint auf einmal ein Bild auf dem Monitor und die Matthäus-Passion wird gespielt. Die Abfolge lässt den Eindruck von Zeit aufkommen. Ich sage lieber: »Es ist immer wieder Kreativität!«

Es ist nicht sinnvoll zu sagen, es gäbe die Gegenwart nicht mehr. Ich ziehe aber Momentum vor, oder Augenblick ist auch ein sehr treffender Ausdruck. Augenblick heißt ja nicht, es ist ein bestimmter Zeitpunkt. Es gleicht eher dem Ein- und Ausatmen, das sich auf eine bestimmte

Art und Weise vollzieht. Aber hier von Zeit zu sprechen und in Sekunden zu rechnen, das haben wir nur als Hilfsmittel erfunden.

PM: Ihr Bild von der Ein- und Ausatmung oder auch das Gleichnis vom Kartendeck – das hat keine Teleologie?

HPD: Das hat keine Teleologie!

PM: Wir sind also wieder bei der Idee der Wertfreiheit?

HPD: Wir können deshalb nicht von Teleologie sprechen, weil es das »vorne« gar nicht gibt. Es gibt nur die Vergangenheit, den Stapel, die Ereigniskette, die man hinter sich lässt. Das Neue erschaffen wir erst!

Wenn ich mit meinen klassischen Physikern diskutiere oder mit den Astrophysikern, auch Hawking zähle ich dazu, der ist auch ein klassischer Physiker, so wie Einstein, der nie an die Quantenphysik geglaubt hat, obwohl er den Nobelpreis dafür bekommen hat. Sie alle hängen noch immer an dem alten Modell. Sie haben das Wesentliche nicht verstanden!

Hawking kommt mit dem »Big Bang«. Diesen Gedanken halte ich nun für das Verrückteste, was man sich einfallen lassen kann. Der »liebe Gott« hat wenigstens noch eine

Woche Zeit gehabt. Jetzt gibt man ihm nicht einmal mehr eine Trillionstel Sekunde. Alles, was JETZT geschieht, ist bereits festgelegt. Auch die Tatsache, dass ich jetzt »Big Bang« sage, ist bereits festgelegt. Der Umstand, dass wir hier zusammensitzen – bereits festgelegt. Diese Vorstellung finde ich nicht sehr attraktiv.

Ich glaube an eine viel größere Einfachheit. Es verändert sich etwas oder etwas nimmt zu. Es gibt den wirklich kreativen Akt. Wir stoßen auf eine völlige Offenheit. Es gibt keinen festgelegten Horizont, keine bestimmten Dimensionen, sondern wenn ich wahrhaft kreativ bin, dann kommt eine neue Dimension hinzu, die überhaupt nichts mit unserer üblichen Raumvorstellung zu tun hat. Es wächst etwas völlig Neues. Der Gestaltungsraum wird größer. Er wächst gewissermaßen dadurch, dass ich ihm neue Dimensionen ermögliche. Wir sprechen von wirklicher FÜLLE, in der es auch keine Konkurrenz mehr gibt. Das ist nicht mehr so wie bei der Olympiade, wo der Schnellste die Goldmedaille erhält und die Übrigen die Verlierer sind. Darüber habe ich mich schon immer geärgert. Dieser Wettbewerb, das drückt nicht wirklich die Welt aus, die tatsächlich existiert. In Wirklichkeit müsste man es so ausdrücken, dass es nicht einen Hundertmeterlauf mit nur einem Sieger gibt, sondern alle laufen gleichzeitig los und in verschiedene Richtungen. Sie müssen auch nicht alle eine gleich lange Strecke laufen – und dennoch sind sie am Ende alle Sieger. Das ist das richtige Prinzip.

Das Lebendige wird immer lebendiger mit jeder neuen Kreation! Das schafft neue Räume, in denen dann die Möglichkeit besteht, miteinander zu spielen, weil die Spieler in Wahrheit gar nicht voneinander getrennt sind.

Es gibt auch die große Schwierigkeit, diese Erkenntnisse präzise mit Worten auszudrücken. In der Quantenphysik verwendet man eine modulare Logik, die nicht nur Ja und Nein kennt, sondern zwischen ihnen unendliche »Jeins«. Ich kann also keine eindeutigen Aussagen von Ja oder Nein vornehmen, die dann entsprechend darstellbar wären. Wir können eher das Bild einer Schwingung verwenden. Die Logik ist wie eine Schwingung. Diese Schwingung drückt zwar kein Ende aus, aber wir empfinden dennoch ein gewisses Verständnis. Auch wenn man nicht weiter fragt, was diese Schwingung nun eigentlich bedeutet, bleibt dennoch keine Unzufriedenheit.

Meine Frau kritisiert mich gelegentlich, es sei doch arrogant, wenn ich den Zuhörern in einem Vortrag etwas erzähle und dann sage: »Wenn ihr es nicht versteht, dann nehmt das nicht tragisch. Ihr seid dann eigentlich sehr nahe dran an dem, was ich eigentlich sagen will. Ich habe nur verstanden, warum ich es nicht verstehen kann.«

Diese Einsicht schenkt uns Freiheit! Wir befreien uns von einer bestimmten Logik, die uns dazu veranlassen will, nach »der Wahrheit« zu suchen. Wenn es in Wahrheit aber einen Raum mit sehr vielen Dimensionen gibt, dann ergibt sich jeweils ein anderes Bild, abhängig davon, von welchem Blickwinkel aus ich schaue. Dennoch ist das Ganze nicht beliebig!

II.

Erkenntnis

PM: Sie sprechen in »Geist – Kosmos – Physik« vom »Wissen um prinzipielles Unwissen«.[2] Das ist natürlich klassisch sokratisch. Andererseits reden Sie auch ausführlich über »Fülle und Nichts«[3], in einer Weise, die nahezu wörtlich eine grundlegende Aussage der christlichen Mystik thematisiert, speziell jener Ausprägung, die später, im Verweis auf Pseudo-Dionysius Areopagita, als »negative Theologie« bezeichnet wurde. Wir können über Gott nur wissen, was er nicht ist. Sein wahres Wesen bleibt im Verborgenen,

2 A.a.O., S.14
3 Ebd., S.137

im Unerkannten. Er ist »das ganz Andere«. Wäre diese Form der Mystik, die »negative Theologie«, ein Konzept, das Ihren Gedanken entspricht?

HPD: Eher nicht, weil »negativ« das Gegenteil von »plus« ist.

PM: Nein, nein. Das würde den Gedanken völlig auf den Kopf stellen. Es geht gerade nicht um Dualität. Es entspricht eher dem Vedanta-Begriff des »tat« oder dem metaphysischen Konzept von SEIN. Es ist das Gegenteil von Polarität.

HPD: Dann kann ich auch nicht von etwas sprechen, was ist.

PM: Richtig. Ich kann nur sagen, was es nicht ist.

HPD: Das ist schon nachvollziehbar, nur meine ich, es gibt nur das Eine. Über dieses »Eine« kann ich auch keine »Ist-Aussagen« treffen. Ich kann von ihm keine »Etwas-Aussagen« machen. Wenn der Baustein nicht existiert und die Baustein-Elemente die Veränderung darstellen, dann bleibt die Frage »Was ist?« ohne Antwort. Die Frage ist einfach falsch gestellt.

Advaita wird in der Regel als Nicht-Zweiheit übersetzt. Im Grunde ist das nicht korrekt. Das »A« will ausdrücken, dass die Frage nach der Zahl nicht erlaubt ist; weil es die Zahl nicht gibt. Es gibt nur das Eine!

Wenn mich daher jemand fragt, ob ich an Gott glaube, dann sage ich: »Nein.« Das führt dann sofort zu der kategorisierenden Feststellung: »Aha, du bist also Atheist.« Ich erwidere dann, dass ich A-Theist nur im Sinne der Sanskrit-Deutung des »A« bin. Wie in A-Dvaita. Für mich ist die Frage nach Pantheismus oder Monotheismus nicht sinnvoll, wenn es nur das Eine gibt.

Gott ist da! Deshalb hebe ich auch immer wieder hervor, ich sei ein »liebender Atheist«. Wenn ich aber anfange, bestimmte Zusammenhänge herzuleiten oder bestimmte Beziehungen festzulegen, dann führt das in die Irre. Wenn ich von Schöpfung rede oder wenn ich eine bestimmte Gottesvorstellung skizziere, dann ist das schon Unsinn. Es ist immer das Eine! Wenn ich jedoch anfange, mich als »außerhalb des Einen« zu sehen, dann gibt es draußen und drinnen. Dann ist Gott »da draußen«. Wenn ich also etwas von Gott wissen will, dann muss ich wieder »nach drinnen«. Ich muss in dieses Göttliche hineinschlüpfen, das ich ja erkennen und verstehen will. Ich habe mich also gleichsam mit Gewalt herausgenommen und versuche jetzt, Erkenntnis zu beschreiben. Und dann lande ich beim Gleichnis.

Wenn ich mit meinen buddhistischen Freunden spreche, dann erwidern die mir auch, das Wichtigste fehle mir, wenn ich nur mit meiner Mathematik komme. Die Mathematik ist eine Sprache, die nicht danach fragt, was ist, sondern wie es verbunden ist. Sie ist daher für meine Vorstellung geeignet. Wir haben ein Konzept des Unendlichen, das wir aber nicht begreifen. Ich kann auf dieses Unendliche von diesem oder jenem Blickwinkel schauen, die scheinbar miteinander im Widerspruch stehen können. Und niemand ist in der Lage, aus allen Blickwinkeln gleichzeitig zu schauen. Einen Blickwinkel also absolut zu setzen, ist typisch für das menschliche Manipulieren. Dieses Verhalten geht vom menschlichen Ego aus; und auch dieses Ego ist nur ein mentales Konstrukt.

Wir haben hier auch mit einem sprachlichen Problem zu kämpfen. Unsere Sprache ist von ihrem Ursprung her angepasst an unsere Handlungen. Ich nenne daher unsere Umgangssprache gerne die »Apfel-Pflück-Sprache«. Sie ist optimal geeignet, um die täglichen Handlungen zu bewältigen, mich zu ernähren und zu meinem Überleben beizutragen. Wenn ich aber beginne, vom gestirnten Himmel zu sprechen und von »unten« und »oben«, dann ist diese Sprache nicht mehr dafür geeignet. Vor allem nicht, wenn ich mich selbst als »unten« und das Andere als »oben« sehe.

Werner Heisenberg sagte in diesem Zusammenhang immer: »Warum soll die Wirklichkeit sich darum kümmern, sich uns so zu erklären, dass wir sie mit unserem Gehirn verarbeiten können?« Unser Gehirn ist ein ausgezeichnetes Werkzeug, damit wir handlungsfähig sind. Aber dann kommt das Gefühl hinzu, das mit dem Gehirn gar nichts zu tun hat. Es ist meine Vorstellung von Ganzheit, von Einheit, die mich gerne auf die Bilder des Advaita zurückgreifen lässt. Wobei ich persönlich zögere, immer vom Geist zu sprechen, anstatt von der Liebe. Geist ist ein Kopfbegriff, ganz anders als das, was sich auf das Herz bezieht. Letztlich ist beides un-begreifbar.

PM: Der Buddhist verwendet in diesem Zusammenhang gerne den Begriff vom »Klaren Licht des Geistes«. Das ist auch eine Formulierung, welche der XIV. Dalai Lama oft benutzt, wenn er bestimmte geistige Erkenntnisprozesse beschreiben möchte.[4] Er stößt dann allerdings in der Wirklichkeit des Lebens, die sie ja in Ihren Ausführungen über das tägliche Handeln ansprachen, auf ein Problem. In der Welt, so, wie wir sie vorfinden, zeigt sich eher ein »unklares« Licht des Geistes. Der Dalai Lama bestreitet die Existenz dieses »unklaren Geisteslichtes« auch nicht. Ich habe über diesen Widerspruch zwischen dem klaren

4 Vgl.: Dalai Lama, Buddha-Natur, Grafing 1996

und dem unklaren Licht des Geistes zwei längere Gespräche mit ihm geführt. Wir konnten uns über diesen Widerspruch nicht verständigen.

Wenn das »klare Licht des Geistes«, wie der Dalai Lama lehrt, das »absolute Licht« ist –, westlich gesprochen würde man vom »göttlichen Licht« sprechen –, dann kann sich dieses Licht nicht eintrüben. Das »Göttliche« oder die »Buddha-Natur« kann sich nicht selbst unbewusst werden. Um aus diesem Widerspruch herauszukommen, greift dann auch der Dalai Lama zum klassischen indischen Argument der »Maya«. Maya, die geheimnisvolle Kraft der Täuschung, der großen kosmischen Illusion, wird gleichsam wie das berühmte Kaninchen aus dem Hut gezogen. Maya trübt das klare Licht des Geistes ein, und der Buddhist muss es durch Meditation wieder reinigen. Das alles ist ein immanenter Prozess, in dem es kein Konzept von Transzendenz gibt.

Wir stehen also vor dem Paradox, dass sich das klare Licht, der Geist, die Liebe – oder welches Wort Sie auch verwenden wollen – durch irgendeinen geheimnisvollen Mechanismus eingetrübt hat. Das absolute Bewusstsein ist sich selbst unbewusst geworden. Wie soll das abgelaufen sein?

HPD: Dieses Paradox ist mir gut vertraut. Ich verwende dabei auch Sprache nur als Gleichnis, wenn ich beispielsweise sage, Materie sei geronnener Geist. Das ist im Grunde ein analoges Bild, um unsere Phantasie anzuregen. Was ich jeweils als Mensch erlebe, lässt sich einfach nicht in unserer Umgangssprache ausdrücken. Denn wir können das, was der Dalai Lama als das »Klare Licht des Geistes« bezeichnet, nicht mit unserer alltäglichen Umgangssprache ausdrücken. In dieser wird der Begriff Licht ganz anders verstanden, denn das von uns wahrgenommene Licht drückt nur das aus, was sich uns etwa als Helligkeit oder Farbe offenbart.

Wir sprechen von einem Prozess, der eigentlich nur auf eine grobe Betrachtungsweise passt. Wenn ich also sage, ein Tisch lebt nicht, aber wir leben, dann rede ich in gewisser Weise über Materie. Wenn ich nur von mir spreche, kommt schon etwas Anderes dazu. Sobald ich von Lebendigkeit spreche, kommt eine Qualität hinzu, die vorher nicht da war – Veränderung. Niemand bleibt an der gleichen Stelle, weil wir uns im Gegensatz zur Vorstellung von Realität in einer Wirklichkeit dauernd verändern.

Wenn man also beginnt, das ganze Leben genauer zu betrachten, dann schaut es anders aus. Oberflächlich kann ich um einen Tisch herumgehen, ihn anfassen und etwas auf ihn stellen. Der Tisch ist da! In Wahrheit ist der Tisch lebendig. Er hat eine Temperatur, er weist eine Hintergrundbewegung auf. Es gibt in ihm Atome und Moleküle, die sich in einer ungeheuren Lebendigkeit in alle Richtungen bewegen. Eigentlich gibt es gar nichts Unlebendiges! Nur weil bestimmte physikalische Prozesse einen Mittelwert ergeben, bleibt der Tisch in vordergründiger Betrachtung der feste, anscheinend leblose Tisch. Aber dieses Konzept gerät immer mehr ins Wanken.

Wir sprechen nur von Vergröberungen, die sich uns in einer bestimmten Weise zeigen. Aber im Grunde gibt es keine Materie! Diese radikale Formulierung wird mir gelegentlich kritisch vorgehalten, aber meine Kritiker möchten nicht genau hinhören. Sie sagen, sie hätten den ganzen Tag mit Materie zu tun. Daraufhin erwidere ich ihnen, sie gäben sich ja auch nicht die Mühe, einmal auf die Feinheiten zu schauen.

Wenn ich auf eine große Menschenmenge schaue, dann habe ich schon das Problem, eine genaue Definition von »Mensch« abzugeben. In dieser großen Menge fällt es schon schwer, einen Berliner von einem Münchner zu unterscheiden. Man beginnt sich abzutrennen, zu abstrahieren und von jeder Beziehung Abstand zu nehmen. Durch die Vereinfachung »Mensch« kommt ein Mittelwert heraus, der sich nicht mehr auf ein Individuum bezieht. Die Wirtschaft sagt beispielsweise, für sie sei nur der ökonomische Faktor Mensch interessant, etwa welche Nahrungsmenge ein Mensch im Jahr verzehrt und was er im Mittel konsumiert. Nur diese Kenntnis ist für ein optimales Bereitstellungsgeschäft für die Wirtschaft von Bedeutung.

Aus diesem Beispiel wird deutlich, dass jede Vereinfachung unserer hochkomplexen, viele Dimensionen umfassenden Wirklichkeit zu einer verzerrenden Vergröberung führt. Wir reduzieren das LEBEN auf einen dreidimensionalen Raum, in dem wir Dinge mit der Hand berühren können, in dem wir auf ein Knöpfchen drücken können – und bestimmte vorhersagbare Dinge geschehen. In diesem System bin ich selbst abgetrennt vom Ganzen. Alles ist Materie und nur Materie. Alles ist isoliert, ist eine Welt für sich allein. Doch das ist ein Irrtum!

Wir beginnen langsam zu begreifen, dass es zwischen dieser »Materie« eine Wechselwirkung gibt. Es gibt eine energetische Verbindung zwischen A und B; und allmählich beginnen die Menschen zu erahnen, dass die Vorstellung von der Getrenntheit, von der Unabhängigkeit möglicherweise nicht ganz richtig ist. Das Leben ist ein ungeheuer komplexes Zusammenspiel von scheinbar getrennten Dingen. Alles ist mit allem verbunden; und es ist kaum vorstellbar, dass überhaupt die Idee eines Getrenntseins entstehen konnte.

PM: Wenn Sie damit die ursprüngliche Einheit ansprechen möchten, dann bleibt auch hier die Frage nach dem Ursprung der Trennung. Wie konnte das klare Licht des Geistes eingetrübt werden?

HPD: Das ist ganz einfach! Wenn ich die modulare Logik heranziehe, dann ist es eine Welle. Eine Welle geht so und so.[5] Wenn zwei Wellen gleicher Schwingungsfrequenz zusammenkommen, dann gibt es nicht eine doppelt so große Welle, sondern je nachdem ob sie gleich oder entgegengesetzt schwingen, ist das Ergebnis verschieden. Wir sprechen in diesem Zusammenhang in der Physik von »Phasenverschiebung«.

Überlagerungen von Wellen ergeben ganz komische Figuren. Es ist anders als beim Mischen von Sand, der geordnet und ungeordnet sein kann. Welle und Sand, um nur diese Beispiele zu nennen, stellen sich in der Sicht der Quantenphysik vollständig anders dar. Es gibt keine klare Unterscheidung, weil sie sich ständig neu mischen. Das, was gemischt wird, war immer da; aber die entstandene Mischung ist bei Wellen ganz anders als beim Sand.

PM: Wer mischt oder wer streicht die klassische Platte mit dem Sand an, damit eine Figur entsteht? Um in Ihrem Bild zu bleiben.

---

5 HPD macht die Handbewegung von auf- und absteigenden Wellen. (PM)

HPD: Weil alles schwingt, bedarf es niemanden, der die Platte anstreicht. Diese Vorstellung bezieht sich noch auf das alte Konzept.

PM: Dennoch haben wir manchmal den Sand und manchmal die Figur. Der Sand wird ja erst dann geordnet, wenn der Bogen über die Platte streicht.

HPD: Das ist die Schwierigkeit meiner Bilder. Wenn die Elemente nicht die Materie sind, wie beim Sand, sondern die »Wellen-Bewegungen«, dann habe ich ein besseres Verstehen. Weil alles sich bewegt, entstehen die bekannten »Chladnischen Klangfiguren«. Sie bilden sich und lösen sich wieder auf. Nur wenn ich mit konkreten Mustern beginne, habe ich irgendeine materielle Form. Aber der Geigenbogen ist eigentlich nicht das Entscheidende – es ist die Art und Weise, wie ich den Sand in Schwingung versetze.

Wenn ich mit meinen chinesischen Freunden spreche, dann verläuft das Gespräch ähnlich. Sie weisen mich immer wieder darauf hin, wie stark wir im Westen auf die Unterscheidung setzen. Da ist der eine, dort ist der andere; aber letztlich ist es eine Ganzheit. Wir können den Begriff des »Holon« hier ins Spiel bringen. Holon bezeichnet etwas »Ganzheitliches«, das wie ein Ganzes aussieht, aber genauer betrachtet doch mit seiner Umgebung verbunden bleibt, etwa wie zwei Menschen, die nebeneinander sitzen, ohne sich zu berühren, miteinander reden können. Ein Holon ist also von einem anderen Holon nicht wirklich isoliert. Es werden Licht- oder Schallwellen ausgetauscht. Aber sie sind nicht wirklich getrennt, weil im Hintergrund etwas wirkt, was überhaupt nichts mit Energie zu tun hat. Wir sehen nur Erscheinungsformen. Wir sehen die Brandung, die Wellen, die sich auftürmen, aber man fragt sich: »Was liegt eigentlich dahinter?«

PM: Es gibt also eine »verborgene Ordnung«, wie es David Bohm beschreibt?

HPD: Nein.

PM: Die Welle fließt also aus einer unverursachten Natürlichkeit heraus?

HPD: Nein. So kann man es auch nicht beschreiben; aber von Ordnung kann ich nur sprechen, wenn ich wieder etwas fixiere, was sich gerade zeigt. Es gibt aber letztlich nicht einmal eine Entwicklung. Entwicklung ist für mich die Negierung von Kreativität. Entwicklung heißt, der »liebe Gott« gibt uns ein verknülltes Papier, und wir wickeln es aus. Dann sind wir überrascht, was darin verborgen war.

So spielt es sich nicht ab. Wenn wahre, echte Kreativität da ist, dann kommt etwas Neues ins Spiel, etwas, das nicht mehr in das alte Bild hineinpasst. Es ist ein Mehr!

Doch dann geschieht wieder das alte Spiel, und die Dinge werden verwickelt. Als ob man eine Schnur und viele Strippen hätte, die sich unmerklich miteinander verheddern. Meine chinesischen Freunde nennen das unsere Modellbau-Aktivität. Wir versuchen, das, was wir außen sehen, zu begreifen; und deshalb gestalten wir ein Modell. Das führt dazu, letztlich das Modell über die Wirklichkeit zu stellen. Man schaut nur noch auf die Konstruktion des Modells und nicht mehr auf die Wirklichkeit, welche das Modell ja eigentlich abbilden sollte.

In Wirklichkeit ist alles verbunden. Ich kann also nicht einfach mit einem Knoten beginnen, denn ich muss auch alle Wechselwirkungen berücksichtigen. Die Wirklichkeit wird eingezwängt und kann sich nicht mehr befreien. Wir verfügen nur noch über eine »verknotete Verbindung«. Hier gilt der »Zweite Hauptsatz der Thermodynamik«, wonach im Hintergrund eine Tendenz existiert, dass das Wahrscheinlichere in Zukunft wahrscheinlicher ist. Man hält mir dann gerne vor, es sei doch eine Tautologie, dass in Zukunft »das Wahrscheinlichere wahrscheinlich sei«. Was sei denn daran aufregend. Ich verweise sie dann auf ihre Schreibtische und die darauf herrschende Unordnung. Sie können sich nachts schlafen legen und darauf hoffen, dass über Nacht auf den Schreibtischen Ordnung einkehrt. Aber das ist natürlich nicht der Fall – es wird alles nur noch unordentlicher. Es ist eine ordnende Hand erforderlich; und in diesem Zusammenhang kommt der Energiebegriff ins Spiel.

PM: Deswegen fragte ich nach der »verborgenen Ordnung«. Die ordnende Hand…

HPD: Wir müssen aufpassen, dass wir nicht die »alte Sprache« benutzen! Ich beginne zu arbeiten, und daraus entsteht Unordnung. Und dann sage ich: »Jetzt braucht es meine ordnende Hand.« Meine Hand, mit der ich Ordnung schaffe. Ich habe um mich herum einen Saustall, den ich aufräumen muss. Dazu benötige ich eine geordnete Energie, um die geordnete Hand ins Spiel zu bringen, und diese nehme ich mir von der Sonne. Entscheidend aber ist der lebendige Mensch, der über die Fähigkeit verfügt, der Energie eine Richtung zu verleihen. Dieses Konzept geht ohnehin nur so lange, wie wir nicht im Endzustand des Universums sind und dem Wärmetod des Weltalls entgegen gehen.

Wir sind im alten Modell, wonach es vor etlichen Milliarden Jahren mit einer leblosen chemischen Ursuppe begonnen hat – und nach einer langen Zeit haben wir plötzlich so etwas Ungewöhnliches wie den lebendigen Menschen. Wie kann das sein? Ich benötige nur Energie, und dann kann ich mit dem alten Modell alles ausrechnen.

So funktioniert es nicht! Wenn ich auf meinem Schreibtisch nur ein Papier auf einen Stapel lege und ein anderes auf einen anderen Stapel, bekomme ich keine Ordnung. Ich muss jedes Blatt angucken, lesen, einordnen und sinnvoll ablegen. Wenn ich nicht differenziere, dann bringe ich eine Unordnung in eine andere Unordnung hinein. Ich benötige jemanden, der eine Entscheidung fällt. Es ist nur eine kleine Überlegung erforderlich.

PM: Ist in diesem Geschehen des Aufräumens eines Schreibtisches nicht zuvor zumindest die »Idee einer Ordnung« erforderlich? Auch Ihre buddhistischen Freunde oder Ihre chinesischen Taoisten wenden ja Ihre »Praxis« an, um die von Ihnen erkannte Unordnung oder Unreinheit – oder wie immer Sie es nennen wollen – zu beseitigen. Ordnung oder Harmonie entstehen nicht von selbst. Es ist eine irgendwie geartete Aktivität erforderlich.

HPD: Die Aktivität besteht darin, dass man zum Ursprung zurückgeht! Eine höhere Ordnung entsteht, indem man in Richtung Kooperation fortschreitet. Unterschiedliche Sachen oder Ereignisse müssen so angeordnet werden, dass sie in einer höheren Dimension angesiedelt werden können. Dazu ist eine große Kreativität erforderlich. Das Kreative schafft den größeren Raum, in dem sich das Ganze entwickeln kann. Es eröffnen sich neue Möglichkeiten, die dann auch genutzt werden. Es geht um ein Zusammenspiel, weil ja nichts wirklich getrennt existiert. Auch das scheinbar Unterschiedliche bildet in Wahrheit eine Einheit. Es ist wie mit dem linken und rechten Bein. Gerade in der Unterschiedlichkeit der Bewegungen liegt das Sinnhafte, nicht indem ich die beiden Beine zusammenbinde und dann von einer Einheit spreche.

Wenn es die Öffnung für die neuen Dimensionen nicht gibt, dann »verklumpt« vieles. Dann habe ich das, was man heute als Materie bezeichnet. Wesentlich ist aber zu erkennen, dass es eine »Quelle« gibt! Diese Erkenntnis öffnet neue Dimensionen. Den Prozess als solchen vermag ich auch nicht zu erklären. Aber es gibt diese Erweiterung. Es gibt etwas, das ständig nach einer Erweiterung strebt. Warum das geschieht? Ich weiß es auch nicht. Für mich ist es ein Hinweis, dass die unergründbare Wirklichkeit wie eine Frau ist!

III.

Realität und Wirklichkeit

PM: Sie unterscheiden immer wieder zwischen der stofflichen Realität und der WIRKLICHKEIT. Wenn wir noch einmal Ihre buddhistischen Freunde bemühen wollen, so unterscheiden diese innerhalb der Wirklichkeit verschiedene Sphären oder Ebene. Man könnte höhere von niederen oder feinere von gröberen Wirklichkeiten unterscheiden. Da gibt es viele Facetten.

HPD: Ja, aber alles hängt mit allem zusammen.

PM: Innerhalb des Ganzen jedoch finden sich verschiedene Strukturen, unterschiedliche Hierarchie-Ebenen. Ein tibetischer Buddhist würde beispielsweise zwischen der Astral- und der Mentalebene unterscheiden.

HPD: Das mag zutreffend sein, aber die Grundlage bildet immer das EINE. Unsere Sprache ist bruchstückhaft. Sie unterteilt, weil sie das Ganze nicht auf einmal auszusagen vermag. Wir teilen etwas Zusammenhängendes auf, um dann über das Abgetrennte besser sprechen zu können. Aber es bleibt die Frage, was dadurch gewonnen wird. Was ich anfänglich zerteilte, muss ich später wieder zusammenfügen.

Im ursprünglichen Ausgangspunkt ist alles mit allem verbunden. Dann beginnt man, Unterteilungen vorzunehmen, isoliert bestimmte Objekte. Dann sagt man jedoch, man wolle über den Ursprung des Objektes sprechen, weil es sonst ja beziehungslos im Raum schwebt. Dann setzt man also die Teile wieder zusammen. Es ist ähnlich wie in dem Beispiel vom Schreibtisch. Man ist immer auf der Suche nach der geordneten Ganzheit.

PM: Ist der »ursprüngliche Ausgangspunkt« unveränderlich? Ist das, was man neu zusammengesetzt hat, nachdem man es zuerst aufgeteilt hatte, nur eine Wiederholung des Ursprünglichen oder etwas anderes?

HPD: Selbstverständlich etwas ganz anderes! Es sind neue Wechselwirkungen entstanden. Wir haben eine neue Energie ins Spiel gebracht. Alles, was lebendig ist, kann nicht in seinen Ausgangszustand zurückversetzt werden. Jeder kreative Prozess verändert das Ganze.

Wir können jetzt über Störungstheorie oder Systemtheorie sprechen. Dann definiere ich ein System A, B, C, D und so weiter, damit ich Vorhersagen über die Zukunft vorzunehmen vermag. Ich stelle Verbindungen her und simuliere mit den Computern, was herauskommt. Dann kommen die Wechselwirkungen ins Spiel – und die führen zu Abweichungen. Das ist keine totale Veränderung, aber eine deutliche Abweichung.

Wenn wir uns beispielsweise unterhalten, dann haben wir kein festes System mehr, denn in dem Augenblick, wo wir unsere Unterhaltung beginnen, verändern wir uns. Wir treten in einen lebendigen Austausch miteinander ein, und die Unterhaltung geht in eine völlig unvorhersehbare Richtung. Haben Sie vorher den Computer hinsichtlich des Gespräches programmiert, dann wird dieser vorhersagen, dass das Gespräch in eine bestimmte Richtung geht und an einen Endpunkt gelangt. Das ist aber in Wirklichkeit nicht der Fall. Im Gespräch tauchen plötzlich bestimmte Bilder auf, wobei man nicht weiß, ob man sie voneinander übernommen hat oder woher sie kommen.

Ich glaube, diese »Bilder« entstehen, wenn man gemeinsam wahrnimmt und aufmerksam zuhört. Wenn ein Gespräch, ein Dialog, sehr intensiv ist, dann führt die Kommunikation zur Kommunion. Es stellt sich dann nicht mehr die Frage, wer was gesagt hat, sondern man kommt zu dem Schluss, gemeinsam etwas entdeckt und herausgefunden zu haben, dessen man sich vorher nicht bewusst war. Man hat sich also geholfen, sich gegenseitig an etwas zu erinnern, das in allen Beteiligten bereits angelegt war.

Wir tragen also gewissermaßen alle in uns ein persönliches Internet. In einer Unterhaltung wird das dann gleichsam gegenseitig heruntergeladen. Wir verfügen alle über ein inneres Betriebssystem, das uns in die Lage versetzt, Dinge zu empfangen, die sich im Hintergrund befinden. Dieser »Hintergrund« ist ein außerordentlich fruchtbares Feld, das durch den Dialog, das Zusammenspiel, Informationen zu übertragen beginnt, die mir zur Verfügung stehen, wenn ich sensibel bin, mich dem Gegenüber öffne und das aufnehme, was mir angeboten wird.

In diesem lebendigen Austausch kommt eine Sprache zum Einsatz, die ganz anders ist als jene, die ich zum Überleben benötige. Mit dieser »neuen Sprache« werden mir Erlebnisse zuteil, die ich in der alten nicht machen könnte. Ich kann vielleicht nicht beantworten, was der

Sinn des Ganzen ist, der wird erst erahnbar, wenn ich verstehe, dass es etwas Höheres gibt.

IV.

Geist und Materie

PM: Die Beziehung, wenn man einmal dieses Wort wählen will, von Geist und Materie steht im Mittelpunkt Ihrer aktuellen Arbeiten. Sie sprechen beispielsweise davon, dass »Materie nicht aus Materie zusammengesetzt« oder »Stoff geronnene Form« ist. Das erinnert mich an eine Formulierung von David Bohm, der einmal gesagt hat, »Materie ist gefrorener Geist«. Interessant in diesem Zusammenhang ist auch der historische Sachverhalt, dass der bedeutendste Kirchenvater der Antike, der Alexandriner Origenes, das Wort »Psyché« vom griechischen »psychesthai« (erkalten) ableitet.

Das »klare Licht des Geistes« wäre sozusagen die warme, lebendige Form des Seins, während die menschliche Psyche, die erkaltete Materie, eine Verfestigung oder Verkrustung darstellte. Eine Lebensform, die in eine »weniger lebendige« Existenz hinab gesunken wäre.

HPD: Für mich ähnelt das Ganze einem Gleichnis. Was auch damit im Zusammenhang steht, dass die meisten Menschen unter Materie das verstehen, was wir Festkörper nennen würden. Wenn man sagt, Wasser oder Dampf seien auch Materie, dann verknüpft man nicht die gleichen Vorstellungen damit. Materie ist etwas Massives, an dem ich anstoßen kann. Wobei wir wissen, dass dies in Wirklichkeit eine Illusion ist. Das alles hat mit elektrischer Abstoßung zu tun. Die »Materie« befindet sich ja nur im Atomkern, der zehntausend Mal kleiner ist als das, was ich beim »Anstoßen« spüre. Das sind eigentlich nur die Elektronen, die ich ein wenig von ihrer Bahn ablenke. Gewicht hat etwas mit Materie zu tun; das ist aber etwas anderes als das, woran ich mich stoße. Kälte, Energie und andere Dinge spielen eine Rolle. Es ist nicht ganz einfach, die richtigen Worte zu finden. Auch Bohm verwendet meines Erachtens noch die »alte« Sprache.

Heisenberg hat mir einmal die Geschichte von Schrödinger und seinen »Wellengleichungen« erzählt. Schrödinger hielt in München einen Vortrag, und alle waren ganz begeistert. Das ist ja wunderbar, wir haben überhaupt kein Problem zwischen Welle und Teilchen! Nach Schrödinger ist es ganz einfach: Das, was wir ein Teilchen nennen, ist eine Überlagerung von Wellen, die zu einer lokalen Schwingung führt, einem »Wellenpaket«, wie zum Beispiel dem Krach. Der Krach ist nur ein Ton, der ganz kurz schwingt. Er ähnelt lokalisierten Ereignissen. Ein reiner Ton ist immer unendlich ausgedehnt. Wenn ich schneller spiele auf einer Geige, dann benötige ich immer höhere Frequenzen, die den Eindruck der Verschiedenheit erwecken, bis ich irgendwann den Ton verliere.

Heisenberg hat dann darauf hingewiesen, dass mit diesen Aussagen die Quantenphysik keinesfalls abgelöst sei. Er sprach dann über seine mathematischen Überlegungen und inwiefern er auf Resultate ähnlich denen von Planck gestoßen sei.

Heisenberg war mit der mathematischen Erklärung als Matrix-Mechanik nicht zufrieden, sondern wollte wissen, was dieses dynamisch bedeutet. Gespräche mit seinen Kollegen führten zu einer überraschenden Erklärung, dass nämlich an die Stelle einer Zahl die Vorstellung eines Prozesses treten müsse. Er sagte: »Jetzt haben die den Eindruck, es sei die große Erfindung, dass sie in der Mathematik etwas entdeckt haben, was bedeutet, dass wir jetzt eine Matrix und nicht mehr einfach ein Zahl haben. Dort, wo vorher eine Zahl war.« Dazu kam dann noch ein Gespräch, ich glaube es war mit Pauli, in dem die Rede darauf kam, es gebe kein Zahl mehr, sondern nur noch den »Prozess«. Beim Prozess weiß man, etwa wenn sich zwei Männer duellieren, dass es eine große Rolle spielt, ob erst A schießt und dann B, oder erst B und dann A. Das war die große Revolution, dass das »Ding« verschwand und zum »Prozess« wurde. Die Materie, im Sinne von einer greifbaren Substanz, war nicht mehr vorhanden.

PM: In diesem »Prozess«, wie spielt da die Vorstellung eines »gefrorenen Geistes« hinein? Ist er das Endergebnis oder ein Teil des Prozesses?

HPD: Für den Physiker ist das eine Analogie. Man kann diese Idee natürlich auf den Big Bang übersetzen. Da gab es den »heißesten Zustand« des Universums, dann gab es noch heiße Zustände, die Sonnen, und wenn man nur lange genug wartet, dann kühlt sich alles ab, bis sich nichts mehr bewegt und alles dieselbe Temperatur hat – das Universum endet im Wärmetod.

In diesem Stadium kann man den Eindruck gewinnen, als ob das kreative Element nicht mehr vorhanden sei. Wie bei einem Pendel, das, wenn es an den Punkt angelangt ist, wo seine Energie verbraucht ist, bewegungslos herunterhängt. Wenn die Energie verlorengeht, kühlt sich alles ab.

Dieses Bild vom Abkühlen oder Zusammenziehen würde ich eher mit Ordnung und Unordnung verbinden. Der ungeordnete Schreibtisch befindet sich in einem Zustand höchster Unordnung. Auch wenn ich eine Stunde darauf herumwühle, wird er nicht ordentlicher. Wir nennen das den »Thermodynamischen Grundzustand«. Die Unordnung ist maximal, sie kann nicht in eine Ordnung übergehen. Manche werfen hier ein, der Zustand könne sich verbessern, wenn ich ihm mehr Energie zuführe; aber eigentlich nimmt die Unordnung nicht ab.

PM: Es ist schon faszinierend, dass moderne Physiker und frühchristliche Mystiker ähnliche Bilder wählen, um die bestehende »Unordnung« zu charakterisieren. Der eine nennt es einen »kosmischen Sündenfall«, der andere das »Ergebnis einer quantenphysikalischen Untersuchung«. Zwei völlig verschiedene Herangehensweisen, die aber zu einer sehr ähnlichen Begrifflichkeit führen. Gibt es da nicht inhaltliche Berührungspunkte, oder wäre das eine rein intellektuelle Konstruktion?

HPD: Doch, das sehe ich schon. Ich benötige nicht einmal die Quantenphysik, wenn ich sehe, dass ich kreativer und lebendiger bin, wenn ich voller Energie stecke.

PM: Könnten wir an diesem Punkt für Energie nicht »Geist« sagen?

HPD: Ja. In diesem Fall würde ich zustimmen. Diese Energie, die geordnete Energie, verfügt über LEBEN und LIEBE. Die andere, ungeordnete verharrt einfach in einem stillen, warmen Zustand.

PM: Hier stoßen wir also an das Bindeglied, wenn ich es so ausdrücken darf, zwischen Geist und Energie.

HPD: Was die wenigsten Menschen wissen, ist, welche Beziehung wir zur Sonne haben. Sie sagen, wir benötigen die Sonnenenergie, damit wir auf der Erde leben können. Das ist im Grunde nicht ganz korrekt. Die ganze auf die Erde eingestrahlte Sonnenenergie muss wieder entsorgt werden in den Weltraum, sonst würden wir allmählich flüssig und gasförmig werden und die Erde sich auflösen. Was wir eigentlich von der Sonnenenergie aufnehmen, das ist nur der geordnete Teil, der über eine Richtung verfügt. Mit anderen Worten ausgedrückt: Die Energie, welche uns die Sonne zusendet, die ist geordneter als jene, die ungeordnet wieder in den Weltraum, in den schwarzen Himmel zurückgesandt wird. Das Ganze kompensiert sich wieder. Die Ordnungsfähigkeit, die Syntropie (die Negentropie), die Energie als Ganzes bleibt auf der Erde zurück und ermöglicht eine wachsende Entfaltung des Lebendigen.

PM: Das ist ein spannender Gedanke, wenn man es vor dem Hintergrund der mystischen Tradition betrachtet. Dort ist die Rede vom »Solaren Logos«, der als Ordnungskraft sein ganzes System durchwirkt und am Leben erhält!

HPD: In der Tat! Und im Hinblick auf diese Ordnungsstruktur könnte man erwähnen, wie sinnlos das Gejammer über die Energie-Frage ist. Die geordnete Energie der Sonne ist achttausend Mal mehr, als wir umsetzen können. Entscheidend ist nur, ihre Ordnung möglichst zu bewahren. Wir dürfen nicht vom Geordneten zum Ungeordneten schreiten. Es geht nicht um die willkürliche Nutzung von Energie, sondern es geht um die AUSRICHTUNG.

Ich greife noch einmal auf mein Beispiel mit dem Kartenspiel zurück. Ich warte natürlich nicht, bis die Natur die Karten gemischt hat, bis also der Stapel gleichsam vom Wind verteilt worden ist. Stattdessen nehme ich die Karten in die ordnende Hand – füge also Energie (Syntropie) hinzu – mische, verteile sie und bringe sie so in eine höhere Ordnung.

Wenn ich einen Artikel auf dem Computer geschrieben habe, dann stellt das eine eigenständige kreative Leistung dar. Wenn ich jetzt hinginge und sagte, ich schreibe jetzt einen zweiten Artikel in gleicher Länge mit ebenso vielen Buchstaben, damit der Energieverbrauch gleich bleibt, dann ist dieser Ansatz natürlich Unfug. Entscheidend sind die Differenzierung und das Moment von Kreativität.

Wichtig erscheint mir auch festzuhalten, dass eine höhere Ordnung in der Regel das Ergebnis einer Kooperation darstellt. Dieser seltsame »Überlebens-Darwinismus«, wonach der Stärkste die Goldmedaille bekommt, ist meines Erachtens eine gänzlich unsinnige Konzeption. Es geht nicht um den Wettbewerb der Ansätze, sondern um die Kreativität der Kooperation. Eine höhere Qualität entsteht nicht dadurch, dass zwei andere in Konkurrenz treten, sondern indem sie zusammenarbeiten. Es ist wie mit den zwei Beinen – nur durch ihr harmonisches Zusammenspiel erfüllen sie ihre Funktion.

Gleichfalls gilt es hervorzuheben, dass jede neue Ordnungsstruktur wieder in sich eine Instabilität trägt. Das zeichnet alles Lebendige aus! Die Karten in einem Kartenhaus müssen sich gegenseitig stützen, dann bekommt das Kartenhaus genügend Stabilität, um auf ihm eine neue Ebene zu errichten.

PM: Völlige Stabilität wäre also eine Abtötung des Lebendigen, weil gerade im Instabilen die Dynamik des Kreativen verortet ist?

HPD: Richtig. Deshalb ist selbst das Kartenspiel noch kein ideales Beispiel. Besser wäre das Bild von der Menschenpyramide im Zirkus. In ihr müssen alle zusammenhalten, müssen sich gegenseitig ausgleichen und stützen, damit am Schluss einer auf die Spitze der Pyramide zu klettern vermag.

Die Entwicklung des Lebendigen ist etwas sehr Fragiles und Filigranes. Wenn man unvorsichtig daran reißt, droht die Gefahr, das Ganze zum Einsturz zu bringen. Die Pyramide wird gewissermaßen von einer Lawine bedroht. Um diese Lawine auszulösen, genügt es, wenn eine Person leichtfertig den Fuß an eine falsche Stelle setzt. Die Menschheit müsste daher wieder lernen, achtsam und aufmerksam zu werden. Wir sind so sehr von Lärm umgeben, dass die feinen Töne überhört werden. Das drücken die tibetischen Buddhisten so treffend mit dem Satz aus: »Ein fallender Baum macht mehr Krach als ein wachsender Wald.«

Der »wachsende Wald« ist das Symbol für das durch Kreativität erzeugte LEBEN. Die Störung an sich trägt nichts zur Weiterentwicklung bei; aber sie rüttelt möglicherweise auf und zeigt an, wo die Weiterentwicklung gerade behindert wird. Ein Impuls löst einen anderen aus. Entscheidend ist die Balance.

Meine chinesischen Freunde sprechen in diesem Zusammenhang von Yin und Yang. Yang löst die Veränderung aus. Yang ist die Masern-Erkrankung eines Kindes, die dazu führt, in ihm ein stärkeres Immunsystem aufzubauen. Yin ist dann diese neue Stufe. Yin und Yang müssen stets ins Gleichgewicht gebracht werden, um am nächsten Niveau, an der nächsten Ebene arbeiten zu können.

V.

Kreativität

PM: David Bohm spricht in seiner Deutung der quantenphysikalischen Phänomene von einer »impliziten Ordnung« und von einer »Einfaltung und Entfaltung« des Lebens. Andere große Denker, wie beispielsweise Sri Aurobindo, sprechen in diesem Zusammenhang von Involution und Evolution. Sie sprechen von originärer Schöpfung, wenn Sie sagen: »Es ist echte Kreation: Verwandlung von Potenzialität in Realität.«[6] Dadurch rückt der Gedanke der schöpferischen Freiheit ins Zentrum.

6 Geist – Kosmos und Physik, S.34

Ist in jedem Moment im Jetzt echte Kreativität möglich? Das Erschaffen von etwas wahrhaft Neuem? Ist es das Umsetzen einer (göttlichen?) Idee, platonisch gesprochen, oder ist es absolute Freiheit im Sinne Krishnamurtis: »Die Wahrheit ist ein pfadloses Land.« Was bedeutet, dass sich die Wahrheit erst erschließt, indem ich beginnen »zu gehen«. Es gibt keine »vorgefertigte Wahrheit«, sondern nur eine sich ständig – und im Dialog mit Anderen – neu »gestaltende Wahrheit«. Dieser Ansatz kommt auch in einem anderen Satz von Ihnen zum Ausdruck: »Alles wurzelt in einer unauftrennbaren Potenzialität, die Züge eines holistischen Geistes trägt.«[7] Wie stellen sich für Sie, im Blick auf diese Ganzheit, Freiheit und Kreativität dar?

HPD: Wenn ich aus der Sicht der Quantenmechanik antworte, dann sagen manche ihrer Vertreter: Man hat nur sehr viele Möglichkeiten. Wenn wir aber an eine echte Bewegung denken, dann möchten wir eigentlich nicht, dass diese »zufällig« zustande kommt. Deswegen gilt es, die Quantenmechanik präziser zu fassen und zu sagen: Eine Ursache hat nicht unendlich viele Möglichkeiten, sondern die Möglichkeiten, die gegeben sind, haben nicht alle dasselbe Gewicht.

7 Ebd., S.37

Es gibt gewisse Möglichkeiten, die stärker bevorzugt sind als andere. Es ist wichtig, sich das einzuprägen: »Nicht alle diese unendlichen Möglichkeiten haben dasselbe Gewicht!«

Wenn man sich die Forschungs- und Messergebnisse wiederholt anschaut, dann stellt man fest, dass es gewisse Spitzen gibt und daneben andere Dinge, die weniger gewichtet sind. Man gewinnt den Eindruck, dass nur das übrig bleibt, was sich immer summiert. Ansonsten läuft das Teilchen einmal so, ein andermal anders.

Nun lässt sich an diesem Punkt einwenden, das Ganze habe doch nichts mit Kreativität zu tun. Es sei letzten Endes ein Spiel, das man mathematisch berechnen könne. Das eine Ergebnis kommt so oft vor, das andere weniger oft oder häufiger. Von Kreativität oder Entscheidungsbefugnis kann da wahrlich nicht mehr die Rede sein. Das ist also nicht sehr gut.

Jetzt kommt aber nach meiner Überzeugung ein Punkt ins Spiel, der nicht direkt etwas mit Quantenphysik zu tun hat, aber in gewisser Weise eine direkte Folge davon ist. Wenn ich eine gewisse Verteilung von Möglichkeiten herausbekommen will, dann ist die Versuchsanordnung festgelegt. Ich mache ein Experiment. Prüfe die Ja/Nein-Frage und wiederhole es tausend Mal. Dann bekomme ich ein Ergebnis. Ich lasse bei gleicher Versuchsanordnung das Experiment endlos oft wiederholen. Dann sammele ich meine Werte, trage sie ein und bekomme eine bestimmte Tabelle. Bei diesem Konzept geht das. Mit etwas Lebendigem geht es nicht mehr!

Wir können nicht eine Versuchsanordnung einrichten und der Testperson sagen: »Du wiederholst jetzt tausend Mal exakt dasselbe!« Das geht nicht, weil die Testperson bei jedem Versuch eine andere ist! Ich muss feststellen, dass meine Versuchsanordnung nicht anwendbar ist, wenn ich mit einer lebendigen Testperson arbeite. Ich müsste sie vielleicht klonen, und zwar exakt klonen, dann könnte vielleicht die alte Versuchsanordnung herangezogen werden. Wenn dann eine geklonte Person links, die andere aber rechts steht, dann ist es nicht mehr derselbe Ort und nicht mehr dieselbe Versuchsanordnung. Das Ergebnis lautet also: Ich kann es nicht überprüfen!

Ein wenig ähnelt das Einsteins Einstellung zum Äther. Wenn Einstein sagt, es gibt keinen Äther, dann widerspreche ich einfach und behaupte das Gegenteil. Weil ich beide Hypothesen nicht überprüfen kann, lassen sich beide trefflich in den Raum stellen. So eine Vorgehensweise bereitet natürlich eine Menge Schwierigkeiten.

Wenn ich auf meinen vielen Reisen mit Menschen über die Quantenphysik spreche und die aus ihren Erkenntnissen resultierende neue Weltsicht, dann stelle ich fest, dass die meisten Menschen noch mit einer alten Denkweise auf völlig neue Einsichten schauen. Gleichgültig ob es sich um Atombomben oder Handys handelt, die Menschen können zwar damit umgehen, wissen aber nicht wirklich, was im Detail geschieht. Beim Handy tritt das naturgemäß häufiger auf, und deswegen spreche ich darüber auch mit mehr Menschen.

Die Gespräche verlaufen oft recht amüsant. Dann arbeiten wir mit Bildern, wonach aus dem einen Handy etwas »herauskommt« (Äther, Licht etc.) und in das andere etwas »hineinkommt«. Je länger so ein Gespräch geht, desto unsicherer werden meine Gesprächspartner; aber sie werden gleichzeitig auch nachdenklicher. Und das ist sehr gut. Sie erkennen, dass sie bestimmte Prozesse oder Gegenstände ihres täglichen Lebens überhaupt nicht verstehen, obwohl sie sie einwandfrei zu nutzen vermögen. Licht, Äther, Energie, Substanz, Materie und andere Begriffe. Alle verwenden sie, als ob es das Natürlichste der Welt sei, obwohl sie nur die Wenigsten wirklich erklären könnten. Das Ganze ist schon ein wenig abenteuerlich, aber gleichzeitig auch sehr interessant.

PM: Wenn Sie die Menschen im Umgang mit den geschilderten Lebenssituationen betrachten, kann man sagen, dass sie in Ihrem Sinne »kreativ« sind? Sie gehen ja sogar noch weiter und sprechen von einer offenen Zukunft: »Die Zukunft ist nicht eindeutig determiniert.«[8]

HPD: Das hängt ganz allein davon ab, ob ich persönlich eingreife oder nicht. Gehen wir einmal davon aus, ich unternehme etwas. Dann muss sich meine Potenzialität zuerst einmal von dem quantenphysikalischen Postulat freimachen, eine gewisse Verteilung (von Ereignissen) sei ausrechenbar, also vorhersagbar. Ich kann zwar etwas ausrechnen, wenn ich etwas messe, aber das ist nicht mehr etwas Lebendiges! Die Frage ist: Kann ich einen Prozess beeinflussen?

Eine Maschine kann es selbstverständlich nicht. Es läuft auf mich hinaus. Ich muss etwas entscheiden, was bisher unentschieden war. Und jetzt kommt die Instabilität ins Spiel, die ich schon einmal angesprochen habe. Selbst in der klassischen Physik ist häufig die Instabilität vergessen worden. Kreativität bedeutet daher für mich, Bedingungen zu schaffen, in denen die Vorhersagen nicht mehr funktionieren – in der klassischen Physik wie in der Quantenphysik. Ich spreche vom Chaos. Es ist in der klassischen Physik der Zustand, in dem man nicht weiß, ob ein Pendel in die eine oder in die andere Richtung fällt. In der Quan-

8 Ebd., S.61

tenphysik wiederum ist das Fallen des Pendels nicht beliebig, denn da bin ich Teil des Prozesses. Schon eine kleine Reaktion meinerseits kann etwas auslösen, was große Folgen zeitigt.

PM: Aber meint das schon jene »echte Kreativität«, von der Sie sprechen? Ich würde dieses Geschehen nicht wirklich Kreativität nennen, denn es geht ja letztlich um die Manipulation von etwas Vorhandenem. Ich differenziere da zwischen »creare«, also Kreativität im Sinne von erschaffen, und »manipulieren«, im Sinne von »mit den Händen bewegen«.

HPD: Die Bewegung ist das kreative Moment!

PM: Oh! Das wäre für mich noch das Manipulieren.

HPD: Immer wieder an die Bewegung denken, nie an etwas anderes! Unser Einfluss vollzieht sich immer über die Bewegung. Jede Bewegung kann auch auf das makroskopische System übertragen werden, wie in dem berühmten Beispiel des Schmetterlings, der einen Taifun auslöst. Selbstverständlich liegt die Kreativität des Schmetterlings nicht im Taifun, sondern in der minimalen Wirkung, die den Prozess in Gang gesetzt hat.

Die Frage, die sich hier aufdrängt, lautet: Wer hat überhaupt diese »unsichere« Situation geschaffen? Wie kommen wir in jenen Zustand, den wir als »Chaos« bezeichnen? Die Frage ist einfach zu beantworten: Es ist der Zustand der absoluten Unsicherheit!

Wenn wir uns in einem Zustand völliger Orientierungslosigkeit befinden, dann kann in diesem Moment Einsicht geschehen. Mich erinnert das immer ein wenig an den Advaita Vedanta. Für mich geht es dabei um Empathie – und letztlich um Hingabe. Man ist in einem Zustand, in dem man bereit ist zu sterben. Es gibt nichts mehr, um dessentwillen man nach einer Absicherung, nach Sicherheit trachtet.

In dieser existenziellen Situation kann ich etwas mit gleichsam Null-Energie bewirken. Es geht nicht mehr darum, etwas anzustreben, sondern es gilt einfach nur, sensibel zu sein. Es geht nicht mehr um eigene Absichten, um *meine* Handlung im Gegensatz zu *deiner* Handlung, sondern nur noch um einen liebenden Dialog.

Der liebende Dialog ist der tiefere, wenngleich ich den dialektischen auch mag. Wenn ich eine bestimmte Idee habe, dann suche ich eine Auseinandersetzung mit jemandem, der diese Idee überhaupt nicht mag. Der mir gleich vorhält, es sei doch alles Unsinn, was ich da vortrage. Heisenberg liebte diese Vorgehensweise. Er begrüßte alle Kritik und die skeptischen Einwände, weil sie ihm viel Zeit ersparten.

Er selbst begab sich immer zu Pauli, der ihm, wie er sagte, stets »alles kaputt gemacht habe«. Wenn Pauli dann bei aller Kritik nichts mehr einfiel, dann wusste Heisenberg, jetzt war seine Arbeit an einem Punkt, an dem er sie veröffentlichen konnte.

PM: Kreativität hat also auch eine dialektische Dimension?

HPD: Ich will einmal so antworten: Für mich gibt es keine Hellseher, weil die Zukunft noch gar nicht da ist! Wir können aber trotzdem unseren Blick auf das Ganze richten. Dieser erweiterte Blickwinkel, der uns davon abbringt, auf unserem eigenen Standpunkt zu beharren, öffnet uns für neue Einsichten. Man kann spielerisch andere Perspektiven einnehmen; und das ist eine gute Grundlage für eine kreative Handlung, wie etwa eine Erfindung.

Dabei handelt es sich eher um eine Einstimmung in eine bestimmte Atmosphäre. Das Ganze ist nicht etwas, was ich alleine erschaffe, sondern ich bin vielleicht einer Ahnung gefolgt, habe möglicherweise auf Gedanken anderer zurückgegriffen – und das hat mich in eine Richtung gezogen, bei der ich nicht an Äußerlichkeiten hängengeblieben bin.

Meine buddhistischen Freunde nennen das gerne meine Art zu meditieren, meine »Gabe abzutauchen«, wie sie es ausdrücken. Meine Frau findet das nicht so schön, weil ich in diesem Zustand nicht zum Essen komme, wenn sie mich ruft. Die Zeit spielt in diesen Augenblicken keine Rolle mehr.

PM: Ist das dann nach Ihrer Einschätzung eine Art »mystischer Versunkenheit«?

HPD: Ich glaube, jeder Mensch verfügt über diesen »inneren Zugriff«. Ich habe darüber auch einmal mit Raimon Panikkar diskutiert und ein Buch mit ihm gemacht.[9] Ich habe im Dialog mit Vertretern der Weltreligionen immer wieder das Problem, dass ich auf klare Fragen klar antworte, klarer als ich es eigentlich meine. Nach einem Vortrag auf einem Ökumenischen Kongress in Berlin bin ich beispielsweise gefragt worden, ob ich Christ sei. Ich sagte: »Nein, das bin ich nicht.« Obwohl das viel härter klingt, als ich es eigentlich meine. Aber wenn ich antworten würde, ich sei Christ, dann heißt das für mich, alle anderen, also die Anhänger der anderen Weltreligionen, seien auf dem falschen Weg. Was natürlich überhaupt nicht meine Überzeugung ist. Ich bin mit einer ganz anderen Einstellung aufgewachsen; und als ich 1955 in Berkeley studiert habe, war es zeitweise meine Aufgabe, im Internationalen

9 Hans-Peter Dürr / Raimon Panikkar: Liebe – Urquelle des Kosmos, Freiburg 2008.

Studenten-Haus mit seinen vielen ausländischen Studenten das internationale Kulturprogramm zu organisieren.

Da der Dialog unter den verschiedenen Personen und Kulturen nicht ganz einfach war, auch sprachlich nicht, habe ich immer jemanden gebeten, eine Geschichte aus seiner Heimat zu erzählen. Das hat auf wunderbare Weise ein einzigartiges Gefühl von Gemeinschaft erzeugt. Ich möchte diese Begegnungen in Kalifornien auf keinen Fall missen.

PM: Ich greife noch einmal Ihren Empathie-Gedanken auf, den Sie jetzt mehrfach angesprochen haben. Ich will einmal versuchen, ihn an einem konkreten Beispiel zu hinterfragen. War die Komposition der Neunten Sinfonie für Beethoven ein Moment der Empathie? War es ein Sich-Verknüpfen mit einer höheren Dimension? War das, in Ihrem Sinne, tatsächlich »echte Kreativität«? Hat er etwas geschaffen, was vorher nicht existiert hat, nicht einmal als »Idee«?

HPD: Ja, ich glaube, das ist ein treffendes Beispiel. Natürlich braucht auch das Kreative einen Humus, einen Nährboden, aus dem es hervorgeht. Nun kann man natürlich weiterfragen: Wie viel war schon im Humus angelegt und wie viel war »echte Kreativität«?

Es geht wieder um die Bewegung. Jener kleine Schritt in eine bestimmte Richtung ist entscheidend, der den Musiker oder Maler in jenen »anderen Zustand« versetzt, in dem Kreativität sich ereignen kann. Alles andere ist dann Handwerk. Der Musiker muss natürlich seine Noten beherrschen und die Instrumente kennen, und der Maler muss seine Leinwand, die Pinsel und die Farben heraussuchen. Viele kreative Menschen berichten dann allerdings, dass sie gewissermaßen in einen »kreativen Dialog« mit ihrem Material gehen. Es ist ein wunderbares Wechselspiel zwischen Nähe und Distanz; und es ist ein Geschehen, das stets höchste Achtsamkeit erfordert.

Ähnlich ist es beim Tanz. Ich habe durch meine Frau, die Musikerin und Tänzerin ist, gelernt, dass es beim Tanzen Momente gibt, wo das Technische des Tanzes, die Figuren, Bewegungen und Schritte, zurücktritt zugunsten einer inneren Ganzheit, einer Ahnung oder einem Gefühl der Wirklichkeit des Tanzes.

Auch in der Meditation gibt es diesen Moment. Ich bin einmal bei einer Veranstaltung zu spät in einen Saal gekommen, in dem vor Beginn ein Gong angeschlagen worden war und danach Stille herrschte. Ich betrat also den Saal, nachdem der Gong schon geschlagen worden war. Stille. Und dann habe ich den Gong gehört und gespürt. Der Klang, der »innere Schall«, war noch im Raum zu spüren. Der Raum hatte ihn gleichsam aufgenommen. Ich hatte zwar durch mein Zuspätkommen den äußeren Gong verpasst, doch der innere Gong klang jetzt in mir nach.

Mir ist in diesem Zusammenhang, wo es um Offenheit, um ein Sich-Einfühlen oder Hin-Spüren geht, aufgefallen, dass vielen Menschen diese innere Qualität fehlt, weil sie zu viel Angst mit sich herumtragen. Alle Arten von Ängsten, von der großen Kriegsangst bis hin zu den kleinen Ängsten des Alltags. Wobei ich allerdings hier einen Unterschied zwischen Männern und Frauen festgestellt habe. In dramatischen Situationen verhalten sich Frauen und Männer sehr verschieden. Während Männer einfach weglaufen oder behaupten, sie gingen Hilfe holen, stehen Frauen die Krise durch und bleiben ganz präsent im Hier und Jetzt. Im Anschluss kann es dann geschehen, dass sie in Tränen ausbrechen. Natürlich verallgemeinere ich hier unzulässig, aber es geht mir darum, herauszustellen, in welcher Weise Frauen in kritischen Situationen eine innere Offenheit bewahren, um die vor ihnen sich zeigenden Schwierigkeiten kreativ zu lösen. Man muss allerdings feststellen, dass unsere moderne Zivilisation wenig dazu beiträgt, um in den Menschen diese Feinfühligkeit und Offenheit zu fördern.

PM: Sie meinen also, um wahrhaft kreativ zu sein, müsse man frei von Angst sein?

HPD: Ja, man muss frei von Angst sein.

PM: Sie haben in Ihren Ausführungen über Kreativität vom Handwerklichen oder vom Dialog mit dem Material gesprochen. Gehört nicht auch der Dialog mit der Idee oder mit einem Ideal dazu? Man könnte auch von Inspiration sprechen. Ist es nicht ein Dialog in zwei Richtungen? Oder vielleicht sogar in alle Richtungen?

HPD: Genau so ist! Inspiration ist ein anderes Wort für das, was ich als Auswuchs einer »Ahnung« umschrieben habe. Zuerst rührt sich die Ahnung, dann kommt und zeigt sich die Inspiration – und danach erst die Ausführung. Dann beginnt der handwerkliche Teil, die persönliche Vorstellung und die Betrachtung des Werkes von Schritt zu Schritt in seiner Fertigstellung. Hier wird man dann ein Physiker, der alles korrekt und mathematisch genau machen will, dabei aber die Fähigkeit verliert, das große Ganze zu sehen. Wenn ich stark fokussiert bin, verliere ich die Fähigkeit, wirklich zu SEHEN.

Eigentlich muss Nähe und Weite zusammengehen. Es ist ein Zusammenspiel von spontaner Ein-sicht und Exaktheit. Niels Bohr hat Klarheit und Exaktheit als komplementär betrachtet, wobei Klarheit bei ihm für die Sicht auf das Ganze stand. Diese Klarheit muss gar keine definierte sein.

Mir ist etwas klar, ohne dass ich exakt begründen könnte, warum es mir klar ist. Diese Klarheit bezieht sich nicht mehr auf Einzelheiten, sondern hier geht es um Transparenz, die dann wieder zur Immanenz wird. Ich möchte auch hier nicht das klassische Modell von Immanenz und Transzendenz aufgreifen, weil wir sonst wieder auf die Schwierigkeit treffen, dass behauptet wird, das Transzendente sei ohnehin unerreichbar und könne nicht verwirklicht werden.

Wenn ich innerlich wirklich achtsam und feinfühlig bin, dann verlieren sich die Grenzen. Je sensibler ich bin, desto weiter wird der Horizont, der sich vor mir öffnet. Wenn ich »nach oben« steige, dann scheine ich an Grenzen zu stoßen, doch wenn ich mich diesen Grenzen nähere, dann stelle ich fest, dass die Grenze keine Grenze ist, sondern meine Aufmerksamkeit weiter reicht. Die Grenze beginnt auszufransen. Es ist ein ständiges Auf-und-Ab-Steigen.

Der Mensch hat eine andere Fähigkeit zur Außensicht als andere Lebewesen. Wobei ich natürlich keinesfalls sagen möchte, er sei das einzige Wesen, welches den »Hintergrund« oder höhere Dimensionen zu erleben vermag. Er ist jedoch vielleicht das einzige Wesen, welches über die Freiheit verfügt, das Gesamtgeschehen zu beeinflussen.

Wenn Sie sich die Bilder von Vogelschwärmen während des Vogelzuges vor Augen führen, diese vollendete Harmonie, als ob Tausende von Vögeln ein Organismus wären, dann erkennen Sie die innere Ordnung und Harmonie, welche diese Wesen verbindet. Das hat aber nichts mit jener Energie zu tun, die reflektiert und zwischen dem Teil und dem Ganzen unterscheidet. Also Vogel A, B, C oder D. Es ist eher ein Orchester, in dem viele Instrumente zusammenspielen, ohne sich noch selbst herauszunehmen. Eines passt sich dem anderen an.

Heisenberg hat nach einer bestimmten Erfahrung auf der Insel Helgoland einmal gesagt: »Er sei damals glücklich gewesen, dass der Pianist und der Physiker in ihm ein und derselbe gewesen seien.« Dann präzisierte er: »Eigentlich stand der Pianist am Anfang, als ich diesen Einblick erhielt.« Als er dann nach Göttingen kam, schrieb er alles nieder und gab es an Born und Jordan, die sich dann gleich über die mathematische Seite des Ganzen hergemacht haben. Aber Heisenberg war ein wenig irritiert, weil er den Eindruck gewann, sie hätten »das Wesentliche« nicht erfasst. Sie hatten die Noten aufgeschrieben, aber den Zauber des Liedes dabei nicht verspürt.

PM: Sie haben nur die handwerkliche Seite gesehen?

HPD: Richtig. Nur das Handwerkliche.

PM: Für Heisenberg stand am Anfang jedoch zuerst das Lied?

HPD: Das stand am Anfang – und dann kam wieder das Lied. Die anderen haben das eigentliche LIED nicht gehört, sondern haben nur die Noten gesehen und gespielt. Sie haben die technische Seite der Noten diskutiert, ob sie die eine länger oder kürzer spielen sollen.

Diese Geschichte verdeutlicht auf eindrückliche Weise den Unterschied zwischen Kreativität und Handwerk.

VI.

Demut

PM: Sie sehen die Naturwissenschaft an einem Punkt angekommen, an dem sie die Vorstellung aufgeben muss, sie wisse alles genau. In diesem Zusammenhang verwenden Sie dann einen Ausdruck, der für einen Physiker doch eher ungewöhnlich ist – Demut. Kommt nach dem Hochmut, alles erklären zu können, jetzt eine Zeit der Demut in den Naturwissenschaften?

HPD: Für mich ist das ein ganz wichtiges Wort. Es stellt meine Hauptantwort dar, wenn Menschen mich fragen. Wie gesagt, das ist mein persönlicher Weg, den ich gewählt habe. Es ist meines Erachtens verhängnisvoll, noch immer zu glauben, was wir bisher herausgefunden haben, sei die WAHRHEIT. Wir müssen stattdessen jeden Tag neu Demut aufbringen und neu zu suchen beginnen. Ich empfinde das als ein großes Geschenk.

Der Mensch ist kein Roboter. Roboter können viel schneller rechnen und haben ein weitaus besseres Gedächtnis als Menschen. Aber der Mensch ist für etwas ganz Anderes angetreten! Wir verfügen über ein Gespür, eine Ahnung für etwas Größeres, für das Ganze, für den Sinn, der hinter allem liegt.

Diese Einsicht sollte sich nicht nur auf die Physik oder auf die Naturwissenschaften beschränken, sondern das kulturelle Leben der ganzen Menschheit umfassen. Eine Kultur muss sich nicht verändern, um etwas »richtig« zu machen. Alle Kulturen stellen verschiedene Betrachtungsweisen des Ganzen dar. Sie sind Gleichnisse! Wenn wir miteinander diskutieren, über wissenschaftliche, gesellschaftliche oder religiöse Themen, dann sprechen wir in Gleichnissen. Ein Gleichnis führt aber nur bis zu einem gewissen Punkt. Dann sollte man es loslassen und erkennen, dass es eben nur ein Gleichnis war. Alles, was über das Gleichnis hinausführt, muss der Einzelne selber leisten!

Unser inneres Gefühl, unsere Ahnung, ist viel feiner als jedes Gleichnis. Daher vermag es uns über das Gleichnis hinauszutragen. Die Art der Gleichnisse hängt von vielen Faktoren ab, die alle im Bewusstsein dessen verankert sind, der das Gleichnis erzählt. Das gilt es stets zu beachten. Daher ist für den Weg jenseits der Gleichnisse wieder große Aufmerksamkeit und Achtsamkeit erforderlich.

Wenn ich jedoch mit Achtsamkeit und Aufmerksamkeit weitergehe, werde ich zu den wundervollsten Quellen gelangen. Selbst dort, wo ich sie gar nicht erwartet hätte.

PM: Sie gebrauchen im Zusammenhang mit dem Erkenntnisprozess häufig den Ausdruck vom »Gehen«. Durch dieses Gehen drückt sich auch eine »Offenheit für die Zukunft« aus. Wir sprachen ja schon von Krishnamurtis Wort: »Die Wahrheit ist ein pfadloses Land.« Das gehört eigentlich auch in den Zusammenhang dessen, was Sie über Demut und Offenheit sagen. Die Wahrheit ist erstens nicht definiert und erschließt sich – zweitens –, erst, indem ich beginne loszugehen. Das Gehen ist also die Grundvoraussetzung, um Wahrheit zu erkennen?

HPD: Genau so ist! Ich habe diesen Satz das erste Mal in China gehört. Ich gehe – und damit entsteht ein eigener Pfad. Und natürlich beinhaltet dieser Satz auch, dass es durch diesen Prozess immer mehr »Pfade« gibt.

Es geht um die Erweiterung der Wirklichkeit. Die Wirklichkeit ist nichts Statisches. Wir sehen die Expansion des Universums. Es entfernt sich ständig. Durch das »Gehen« erfahre ich eine immense Zunahme meiner Gestaltungsmöglichkeiten. Es geht doch nicht darum, wie in einem Gefängnis, nur ein paar Handgriffe zu erlernen.

Die Lehre vom »pfadlosen Land« nimmt natürlich auch Bezug auf die Sinnfrage. Die Antwort auf die Sinnfrage ist immer nur die Antwort auf der jeweiligen Stufe! Wenn ich in eine bestimmte Richtung weitergehe, wird sich etwas Neues zeigen. Ich empfinde das als ein großes Glück. Vor allem, wenn ich dann das Erkannte als Geschenk an andere weiterreichen darf. Das ist für mich ein ganz wesentliches Element von Freude und Glück!

Ein Afrikaner, er war der Sohn eines Häuptlings, hat mir in diesem Zusammenhang einmal eine beeindruckende Geschichte aus seiner Kultur erzählt. Er berichtete, dass die Jungen, wenn sie vierzehn Jahre alt geworden sind, ein ernsthaftes Gespräch mit dem Großvater führen. Der erzählt ihnen, dass sie nunmehr erwachsen seien und das Leben für sie eine andere Bedeutung erhalte. Sie müssten sich überlegen, wie es in ihrem Leben weitergehen solle. Es komme nunmehr darauf an, in sich hineinzuschauen und herauszufinden, welche Talente und Begabungen man habe. Diese gelte es dann zu entfalten und zum Nutzen aller weiterzuentwickeln. Aus diesem Prozess des Wachsens und Entfaltens entstehe dann Freude, wirkliche Lebensfreude.

Diese Geschichte handelt auch von Gemeinschaft. Die Freude entsteht dadurch, dass ich meine Fähigkeiten in den Dienst des größeren Ganzen stelle. Diesen Dienst leisten zu dürfen, ist ein wirklich großes Geschenk! Es geht darum, etwas beizutragen zum Wachstum. Das ist eine kreative Handlung, nicht nur das Neuanordnen von etwas schon Bestehendem. Es bedeutet zugleich Wagnis und das Erspüren der eigenen Lebendigkeit.

Ich habe das ganz eindrücklich erfahren, als ich meinem Enkel ein Fahrrad geschenkt habe. Erst habe ich es hinten festgehalten. Dann bin ich mit ihm mitgelaufen; und schließlich habe ich das Rad losgelassen. Ein paar Meter ist er gefahren. Dann Bums! Es hat hin hingehauen. Blutiges Knie, Geheul und so weiter. Doch dann schaut er mich an: »Opa, nochmal!« Natürlich hat er es dann geschafft und war stolz über seine eigene Leistung. Es war ein Risiko, eine Herausforderung und eine Mutprobe. Aber es war vertretbar.

Man sollte kein Risiko eingehen, das die Gefahr birgt, daran zugrunde zu gehen. Herausforderungen sind wichtig. Verletzungen können vorkommen. Aber entscheidend ist die neue Dimension, die gewonnen wird. Veränderungen sind immer mit Unwägbarkeiten verbunden, aber nur durch sie entsteht etwas Neues. Es geht ausschließlich um Qualität, nicht um Quantität. Qualität, das ist Komplexität, die überhaupt nicht zerlegbar ist. Es geht nur in der Näherung. In der Quantentheorie bevorzugt man Theorien, bei denen man zunächst die Wechselwirkungen weglässt; dann macht man eine Näherung, bei der man allmählich eines nach dem anderen hinzuschaltet. Dann schaut man, was sich verändert. Das ermöglicht, schnell Zahlen zu errechnen, die sich umgehend experimentell überprüfen lassen. Das ist verständlich. Da fällt mir jedoch eine Aussage von Heisenberg ein, der oft betonte: »Warum soll sich die Wirklichkeit darum kümmern, wie wir sie mit unserem Verstand begreifen und berechnen können.«

Es geht mir darum, von Anfang an das GANZE im Auge zu behalten.

VII.

Hermetik

PM: Es gibt in Ihrem Werk beeindruckende Aussagen, die wörtlich so den Schriften der großen Mystiker entnommen sein könnte. Eine davon bezieht sich auf die nur scheinbar »unbelebte Materie«. Sie sagen: »Dass ein Tisch im Grunde auch lebendig ist, bemerken wir nicht, weil wir ihn nur vergröbert betrachten und damit vereinfacht sehen.«[10] In der chassidischen Tradition, der mystischen Überlieferungslinie des Ostjudentums, heißt es wörtlich: »Auch den Tisch, an dem du sitzt, musst du erlösen.«

10 Geist – Kosmos und Physik, S.108

Es ist faszinierend, zwei völlig unterschiedliche Geisteswelten, zwei gänzlich verschiedene Erkenntnisstrukturen zu der gleichen Essenz kommen zu sehen. Wenn Sie diese beiden Sätze einmal zusammen betrachten, wobei wir »Erlösung« hier nicht theologisch nehmen wollen, sondern in Ihrem Sinne von Verantwortung, von Ganzheit, von Zugehörigkeit, von »Zuhandensein«, wie Heidegger es ausdrücken würde, welchen Eindruck hinterlassen sie bei Ihnen? Können Sie sich vorstellen, Ihren »lebendigen Tisch« auch zu »erlösen«?

HPD: Wenn Du[11] in diesem Zusammenhang Heidegger erwähnst, so habe ich kürzlich ein Buch seines jüngsten Mitarbeiters, Heinrich Rombach[12], gelesen. Es handelte über »Hermetik«. Wohl gemerkt, nicht Hermeneutik, sondern Hermetik. Darin schreibt er, dass wir mit allem, mit dem wir umgehen, auch mit dem scheinbar Unbelebten, in einer Art »Dialog« stehen. Rombach spricht in diesem Zusammenhang von einer Konkreativität zwischen Mensch und Natur.

11 Hans-Peter Dürr wechselt gelegentlich, wenn ein Dialog sehr intensiv und persönlich wird, in das freundschaftliche »Du«. Es gibt dann nur noch den Dialog-Partner. Namen, Positionen oder Rollen entfallen völlig. Ich wollte dieses Moment nicht lektorierend glätten, sondern habe es im Originalton übernommen. (PM)

12 Heinrich Rombach: Der kommende Gott. Die Hermetik – Eine neue Weltsicht, Freiburg 1997.

Ich glaube, dieser »Dialog« findet auf allen Ebenen statt. Er glückt immer dann, wenn ich mein Gegenüber, wer oder was es auch ist, annehmen kann. Ich zeige nicht mehr die Tendenz, mein Gegenüber zu beeinflussen. Ich will nichts mehr bewirken. Nicht mehr von außen einwirken. Ich glaube, Erlösung hat auch etwas mit ernst nehmen zu tun. Da gibt es keine Bewertung mehr, sondern nur noch Annahme und Respekt. Wenn ich jemanden fragen würde, wie alt er sei, dann könnte er antworten: »Dreieinhalb Milliarden Jahre.« Und ich würde erwidern: »Wunderbar. Genau so alt wie ich!« Es gibt nicht mehr die Äußerlichkeiten des Augenblicks, sondern nur noch das Ganze des Hintergrundes, vor dem wir beide einen Beitrag leisten wollen.

Ich bemühe mich, bewusst mit allem Leben umzugehen, aber ich habe kein Problem damit, eine Pflanze abzuschneiden und als Gemüse zu verzehren. Ein Feld voller Blumen abzumähen, fiele mir dagegen schwerer. Es ist wichtig, stets auf das Ganze zu schauen und seine Privatinteressen nicht in den Vordergrund zu stellen. Andererseits darf man den Umgang mit jener Welt, die uns umgibt, auch nicht übertreiben. Ich sollte immer meine Handlungsfähigkeit bewahren. Das war ein Thema, bei dem ich mit Raimon Panikkar auch nicht übereingestimmt habe.

PM: Es scheint immer dann kritisch zu sein, wenn es theologisch wird?

HPD: In der Tat, so ist. Das geht mir mit etlichen Fragen so, etwa wenn ich gefragt werde, ob ich an ein Leben nach dem Tod glaube. Ich bejahe dann die Frage, füge aber hinzu: »Wahrscheinlich nicht in der Art und Weise, wie du es denkst.« Schon jetzt, in diesem Leben, erkenne ich klar, dass ich nicht nur mich lebe, sondern auch die anderen mit, weil ich ständig in einem Dialog mit anderen stehe. Dieser Dialog endet letztlich in einer Kommunion. Wo ziehe ich da also eine Grenze zwischen dem, was von mir, und dem, was von den anderen kommt?

Wenn ich von jemandem Abschied nehmen muss, dann ist das, was vorher da war, zum großen Teil noch immer präsent. Bis die betreffende Person weitergeht und etwas anderes macht. Das führt dann zumeist zu einer Nachfrage bezüglich der Personalität. Die Person als solche ist für mich nicht wichtig. Wichtig ist meine Existenz, die zum Ganzen beiträgt. Ich diene als Humus für die anderen, aber da steht nicht mein Name drauf!

Wenn es heißt, der Hans-Peter hat dies oder jenes richtig und dies oder jenes falsch gemacht, dann ist mir das ziemlich gleichgültig. Der Name ist nicht wichtig. Auf die Welle kann ich auch nicht schreiben »meine Welle«. Man lebt in gewisser Weise, aber nicht in der Identität, dass man eine Person daraus macht, die später wiederkommt.

Ein guter Freund, der ebenfalls eine Neigung zum Buddhismus hat, erzählte mir einmal ein sehr beeindruckendes Erlebnis. Er wollte ursprünglich Musik studieren und Pianist werden. Ein befreundeter Studienkollege, der mit ihm begonnen hatte, war viel begabter als er und machte größere Fortschritte. Er war unzufrieden, weil sie doch gleichzeitig begonnen hatten und er noch immer ein ziemlicher Stümper war. Nach einigen Jahren hat er das Klavier in die Ecke gestellt und das Studium aufgegeben. Er ging auch in kein Konzert mehr, weil ihn das traurig machte.

Eines Tages rief dann sein alter Freund und Studienkollege an und lud ihn zu einem Konzert ein, das er in Salzburg gab. Nach einigem Zögern ging er hin und fand das Konzert wunderbar. Und während er lauschte, kam ihm die Idee, vielleicht vollziehe sich Reinkarnation gleichzeitig. Unser Zeitverständnis ist vielleicht nicht korrekt. Er hatte das Gefühl, er spiele selber. Es war ein Gefühl des Einswerdens, verbunden mit einer Empfindung von Glückseligkeit.

Für mich ist das ein Beispiel von wahrer Empathie. Es ist nicht nur ein Sich-Kümmern um den Anderen, sondern ein Beteiligtsein. Es schenkt eine Empfindung von Zusammenhalt und gemeinsamer Weiterentwicklung. Das Leben ist offenbar viel einfacher, wenn man gemeinsam etwas weiterträgt.

Und was in diesem Beispiel auf einen anderen Menschen bezogen ist, das erscheint mir in gleichem Maße zuzutreffen, wenn ich mich um meine Leberzellen kümmere. Auch mit ihnen stehe ich in einem gewissen »Dialog«.

PM: Die Fragestellung nach Kontinuität und Wandel, nach Individualität und Universalität, ist weitreichend. Lama Anagarika Govinda, den ja eine Freundschaft mit Werner Heisenberg verband, was die Wenigsten wissen, hat darauf im Sinne Ihres Gedankens von »Entwicklung« geantwortet. Er sagte, bei der Reinkarnation gehe es nicht um ein »immer wieder«, sondern um ein »immer weiter«. Die neue Person sei »dieselbe und doch eine andere«.

Es geht um eine »Bewusstseins-Kontinuität«. Auch der XIV. Dalai Lama weist in seinen Vorträgen immer wieder darauf hin, der Dalai Lama von heute, der Dalai Lama als Flüchtling oder der Dalai Lama als Sechsjähriger seien verschieden, aber dennoch bestehe zwischen ihnen eine Kontinuität. Diese Kontinuität ist uns unmittelbar zugeordnet und auch identifizierbar. Nur unter dieser Prämisse kann der Buddhist von einer karmischen Struktur sprechen. Der Karma-Gedanke ist nur über die Kontinuität greifbar, sonst ergäbe diese Vorstellung keinen Sinn.

HPD: Das kann ich gut nachvollziehen. Ich empfinde allerdings nicht nur das Moment von Kontinuität, sondern auch diese enorme Schwankung innerhalb der Zeit. Es gibt Phasen, in denen das »Ich« ganz groß wird; und dann kommen wieder Phasen, in denen es ganz stark zusammenschrumpft. Es ist also nicht nur ein zeitliches Phänomen, obwohl sich unser Leben natürlich in der Zeit abspielt, sondern es hat auch viel mit Innerlichkeit zu tun.

Wir haben ja auch in der Quantenphysik diesen Wellencharakter, wenn beispielsweise die Potenzialität an einer Stelle besonders groß ist. Das Ego trifft sich also, als Analogie, im Wesentlichen. Aber wir kennen auch diese »ganz langen Schwänze«, die sich bis ins Unendliche erstrecken.

Für mich ist in diesen Bildern die »Stille« wichtig, der Ruhezustand, in den ich gelangen kann, um sensibel zu werden und mehr wahrzunehmen als üblich. Dann kommen Räume hinzu, die man vorher nicht wahrgenommen hat. Es ist eine Form des Dialoges, die neues Verstehen ermöglicht.

VIII.

Dialog

PM: In Ihren Veranstaltungen, aber auch in Ihren Vorträgen weisen Sie häufig auf die Wichtigkeit des »Dialoges« hin. Was bedeutet Ihnen »Dialog«?

HPD: Heisenberg hatte eine besondere Form des Dialoges. Wenn wir uns unterhalten haben, dann haben wir einander meistens Geschichten erzählt, um das zu verstehen, was man anders nicht verstehen kann. Einmal hat mich Heisenberg dann auf etwas aufmerksam gemacht: »Sie versuchen immer noch, wenn Sie etwas sagen, einen bestimmten Satz daraus zu machen. Das erinnert Sie doch an die Schule, das haben Sie in der Schule so gelernt. Sie sollten aber so reden, wie Sie als Kind geredet haben. Sie sollten etwas ganz einfach sagen. Ich kriege das dann schon mit!« Er wollte damit andeuten: Je spontaner man redet, desto besser. Wenn allerdings ein Dritter dabeisitzen würde, der könnte überhaupt nicht verstehen, worüber wir sprechen würden. Es war ein Werfen und Auffangen; aber dazu mussten wir aufeinander eingestimmt sein. Ein Dritter, der nicht eingestimmt gewesen wäre, hätte keine Ahnung gehabt, worüber wir gesprochen haben.

PM: Es ist wie in der Lyrik oder in der Mystik – ein Eingestimmtsein?

HPD: Diese Form des Dialoges funktioniert nur, wenn beide ganz spontan und zugleich völlig aufmerksam sind; denn jeder befindet sich in einem völlig anderen Zustand als sein Gegenüber. Der Sprecher kann vollkommen frei und ungebunden reden, sein zuhörendes Gegenüber muss aufmerksam lauschen. Anschließend dreht sich das Ganze um. Beide müssen aufeinander eingestimmt sein. Mit Heisenberg war dieses Austauschen auf ganz wunderbare Weise möglich. Was man nicht sofort verstand, nahm man auf und verwahrte es. Gerade das Eingeständnis, etwas nicht verstanden zu haben, war für Heisenberg besonders wichtig. Dann musste man einen Gedanken los- und ruhen lassen. Er sagte dann manchmal: »Wir werden jetzt vierzehn Tage nicht mehr miteinander darüber reden; nur über andere Sachen.« Ich habe daraufhin den Einwand erhoben: »Aber dann vergessen wir doch alles, was jetzt gerade da ist.« »Nein«, erwiderte er, »es wird genau umgekehrt sein. Du wirst sehen, es entfaltet sich alles.« Und damit behielt er völlig recht!

Wenn wir uns nach zwei Wochen wieder trafen, war alles, was zuvor unklar geblieben war, in wenigen Minuten einer Klärung zugeführt. Manchmal muss ich dann ein wenig enttäuscht geschaut haben, denn Heisenberg sprach mich darauf an. Er wies dann immer wieder darauf hin, dass es gar nicht um irgendwelche spektakulären neuen Erkenntnisse ginge, sondern nur um ein Wiedererinnern eines Wissens, über das man eigentlich schon immer verfügt habe. Es ist die Kunst der Weitergabe von Wissen durch das Wort!

Heisenberg erzählte dann noch eine Anekdote über Niels Bohr, die in die gleiche Richtung zielt. Bohr konnte beispielsweise bei seinen Vorlesungen mitten im Satz innehalten und still werden. Er sprach einfach nicht weiter, egal wie verblüfft ihn seine Studenten anstarrten. Heisenberg wusste jedoch, dass in diesen Momenten das erste Wort, was Bohr nach dieser »meditativen Pause« sprechen würde, von großer Bedeutung war. Nach der Vorlesung ging Heisenberg dann zu Bohr und sprach ihn auf dieses »Wort« an. »Niels, das war wieder eine wunderbare Vorlesung; aber was haben Sie eigentlich mit diesem Wort gemeint?« »Habe ich das gesagt? Habe ich das wirklich gesagt? Ja, das habe ich gesagt. Ich habe es wirklich gesagt.« Und dann kam eine ganz wichtige Geschichte!

Ich will in diesem Zusammenhang noch einmal auf die »Demut« zu sprechen kommen. Demut spielt auch im Dialog eine wichtige Rolle. Nicht in dem Sinne, dass man etwa die eigene Position aus Schwäche aufgibt, sondern indem man jene Weichheit zulässt, die es erst ermöglicht, in eine Beziehung mit seinem Gesprächspartner einzutreten, die dann eine Bereicherung ermöglicht. Die Demut lässt andere Betrachtungsweisen zu und hat von vornherein das Gefühl, vom Anderen etwas lernen zu können. Es geht um Kommunikation und Kommunion, nicht um Konkurrenz.

PM: Sie schrieben mir nach der Lektüre meines Buches »Weltreligion«, dass es Sie beeindruckt habe, die Zusammenschau zu sehen. Wenn man diese Zusammenschau wirklich verinnerlicht habe, dann könne niemand mehr auf die Idee kommen, noch irgendeine Form von Exklusivität zu fordern. Wenn ich die Weisheit in der jüdischen Mystik oder im Tibetischen Buddhismus erkannt habe, dann erschließt sich mir, wie viele Facetten der Annäherung an die »eine Wahrheit« es gibt. Sie alle bereichern mich, aber es wäre völlig widersinnig, wollte eine dieser Traditionen irgendeine Form der Exklusivität beanspruchen.

HPD: Sehr richtig! Es geht um eine Kooperation, die zu einer Symbiose führt. Kooperation meint, einen Weg zu finden, wo das anscheinend Fremdartige so mit dem Vertrauten zusammenkommt, dass sie auf einer höheren Ebene einen neuen Organismus ergeben. Dabei ist das Gesamte dann mehr als die Summe seiner Teile. Es ist tatsächlich eine echte Höherentwicklung.

Ich sehe daher meine vorrangige Aufgabe darin, immer wieder den Blick auf das Ganze zu richten; unter gleichzeitiger entschiedener Betonung, dass dieses geschaute »Ganze« nicht das GANZE ist. Es geht nicht um meine persönliche Nabelschau. Es geht darum, das Erkannte auch wirklich umzusetzen, deswegen ist der Dialog für mich so ein großes Bedürfnis. Er soll zur Handlung führen!

Außerdem habe ich ja schon mehrfach betont, wie bereichernd ein echter DIALOG für alle Beteiligten ist. Das ist keine Mutmaßung, sondern die Menschen bestätigen mir das nach meinen Vorträgen oder nach Diskussionsrunden. Es ist diese Form des »verstehenden Sprechens«, die meinen Optimismus begründen, dass sich Dinge zum Besseren wenden lassen. Wenn ich nur rational denken würde, wäre ich ein großer Pessimist; aber ich höre halt lieber auf den wachsenden Wald, anstatt mich vom fallenden Baum abschrecken zu lassen. Deshalb bin ich noch immer ein Optimist.

Es kommt allein auf den »wachsenden Wald« an! Er wächst langsam, das wissen wir. Aber auch Heilung vollzieht sich langsam. Nur die Infektion geht schnell! Es erfordert daher eine größere Anstrengung, wieder ein Eingestimmtsein herbeizuführen. Deshalb ertrage ich auch den Vorwurf, ich sei ein Utopist, mit großem Gleichmut. Die Wirklichkeit liegt nicht im Äußeren. So wie du innerlich empfindest, so ist es richtig; was du draußen vorfindest, ist falsch. Wir müssen nicht realistischer werden, sondern wir müssen lernen, die Wirklichkeit zu sehen!

IX.

Philosophie

PM.: Stephen Hawking hat in seinem Buch »Der große Wurf« behauptet: »Die Philosophie ist tot!«[13] Würden Sie dieser radikalen Aussage zustimmen?

HPD: Ich meine, er hat recht, wenn er sich auf die »alte Philosophie« bezieht, bei der es um Ja/Nein-Antworten geht. Oder um Aussagen wie: »Etwas ist so oder es ist nicht so.« Ich habe auch immer Schwierigkeiten mit Vertretern dieser Art von Philosophie. Mir fällt der Umgang mit den

13 Stephen Hawking: Der große Wurf, Hamburg 2010, S.11.

Vertretern der Religionen leichter, weil viele von ihnen inzwischen eine Position der Offenheit vertreten. Da geht es im Gespräch eher um Fragen der Interpretation.

Wenn man heute eine Position oder eine Theorie vorträgt, dann sollte man immer hinzufügen: Das ist nur ein Gleichnis oder eine Analogie! Mit dieser undogmatischen Herangehensweise kann dann das Gegenüber weitgehend frei mit den dargestellten Gedanken umgehen.

Stephen Hawking vertritt nach meiner Überzeugung noch die Richtung von Albert Einstein. Ich erinnere mich an ein Gespräch mit Heisenberg, in dem er mir über eine Begegnung mit Einstein berichtete, als er ihm erstmals seine »Unschärferelation« vorgestellt hat. Er war der Meinung, Einstein müsste sich darüber eigentlich zustimmend äußern, doch der war, ganz im Gegenteil, ziemlich unzufrieden über das Gehörte:

»Entschuldigen Sie, junger Freund.« (Heisenberg war eine Generation jünger.) »Wissen Sie, ich bin immer noch ein Vertreter der exakten Naturwissenschaften. Wenn dann ein talentierter junger Student kommt und will mir sagen, er hätte ein Grundgesetz entdeckt, das mit »Un« (Unschärfe) anfängt, dann habe ich die Tendenz, ihm freundlich zu sagen: Gehen Sie nach Hause und machen Sie Ihre Hausaufgaben, bevor Sie mit mir sprechen.«

Heisenberg hat darauf erwidert: »Ich habe angenommen, Sie seien offen dafür. Sie haben doch den Äther abgeschafft; und daraufhin habe ich mir gesagt: Ganz schön mutig, das versteht auch kein Mensch.«

Einstein entgegnete darauf: »Das war etwas anderes. Das kann ich ja nicht messen; und was die Leute glauben, ist nicht so wichtig.«

Heisenberg war verständlicherweise nicht sehr glücklich über den Verlauf des Gespräches, sagte aber, es sei ihm dadurch doch etwas klar geworden. Er hätte natürlich seine Theorie auch ohne das »Un« formulieren können, zumal die Un-schärfe ja nicht einen Mangel an Schärfe hinsichtlich seiner Sprache dargestellt habe. Wenn man Zusammenhänge auf einen Blick erkennen will, dann darf man eben nicht fokussieren, sondern muss in die Unschärfe gehen. Darin läge kein Mangel, sondern ganz im Gegenteil eine geistige Weitung der Wahrnehmung. Der Blick öffnet sich.

Heisenberg nannte das damals sogar eine »Erlösung«. Durch die Öffnung der Perspektive wird nicht das aufgelöst, was im »Himmel« ist, sondern nur mein Blick wird geweitet. Man darf nicht nur auf eine Stelle schauen, sondern muss weit schauen und Eindrücke auf sich zukommen lassen. Man muss sich zudem daran gewöhnen, dass in dieser größeren Welt, die sich dann zeigt, Fragen unbeantwortet bleiben.

In meiner heutigen Deutung würde ich noch eine Erkenntnis hinzufügen. Wenn man sagt, man erlebe mehr, als man begreife, dann liegt das eigentlich daran, dass die Fragen, die man gestellt hat, ins Leere führen und nur in der Vergröberung eine Antwort zu finden ist. Auf Nachfrage führe ich dann stets mein Beispiel vom Kreis an. Welche Farbe hat ein Kreis? Verwunderung! Ist ein Kreis blau, grün, rot oder farblos? Verwunderung und Unverständnis!

Ich nehme dann einen Kugelschreiber und zeichne einen Kreis auf ein Stück Papier. Der Kreis wird blau und hat eine gewisse Dicke in der Linienführung. Das kommt daher, weil der Kugelschreiber blau schreibt und an der Spitze eine kleine Kugel aufweist. Aber was hat dieser blaue Kreis mit dem KREIS zu tun? Nichts! Wenn man die Augen schließt und sich die Farbe wegdenkt, bleibt noch immer ein Kreis. Wenn man aber die Dicke der Linie wegdenkt, bleibt nichts mehr übrig. Warum? Natürlich weil man den Kreis im Äußeren gesehen hat. Hätte man ihn einfach »geschluckt«, wäre er noch vorhanden.

Das ganze Missverstehen findet seine Ursache in der erwähnten Ja/Nein-Sprache. Die meisten Menschen sehen nicht, dass es um eine viel größere Offenheit geht. Dennoch landen wir selbstverständlich nicht im Verständnischaos. In der Quantentheorie gibt es überhaupt keine Zufälligkeiten. Aber ein neues Denken, eine neue Philosophie muss sehr viele andere Dinge in Betracht ziehen.

X.

Die Multistring-Theorie

PM: Hawking hat als neuen Ansatz seine »M-Theorie« entwickelt,…

HPD: Was heißt eigentlich »M-Theorie«?

PM: Hawking hat das »M« einfach eingesetzt als Parameter. Es handelt sich um seine neue »Multistring-Theorie«, und daher steht »M« wahrscheinlich einfach für »Multi«. Er sagt: »Nach der M-Theorie ist unser Universum nicht das einzige, sondern eines unter einer Vielzahl von Universen, die aus dem Nichts geschaffen wurden.«[14] Er ergänzt: »Der Anfang des Universums wurde von den Gesetzen der Wissenschaft bestimmt und musste nicht von irgendeinem Gott angestoßen werden. … Wir behaupten, dass es möglich ist, die Fragen (nach der Erschaffung des Universums, PM) ausschließlich in den Grenzen der Naturwissenschaft und ohne Rekurs auf göttliche Wesen zu beantworten.«[15]

Würden Sie Hawking widersprechen?

HPD: Ja. Wir haben hier diese »String-Theorie« vorliegen, die findet sich auch bei uns im Haus (Max-Planck-Institut München, PM). Für mich ist es absolut sicher, dass dies einen Rückfall in die Zwanzigerjahre des letzten Jahrhunderts darstellt.

Ich erinnere mich an ein Gespräch zwischen Bohr und Einstein, wo dieser wieder die Forderung nach einer »exakten Naturwissenschaft« erhoben hat. Bohr hat ihm dann nachgewiesen, dass er bei seinen Annahmen unrecht habe. Er könne das leicht feststellen, wenn er sie anhand seiner eigenen Allgemeinen Relativitätstheorie überprüfen würde. Einstein sah das ein und sagte zu Bohr: »Okay, ich gebe es auf.« Ich habe ihm das aber nie geglaubt, denn er hat sein ganzes Leben lang daran gearbeitet und ist stets in

14 Ebd., S.15
15 Ebd., S.135 u. 168

seinen Theorien hängengeblieben, die rein auf Geometrien aufgebaut waren.

Und heute nennt sich das »String-Theorie«. Mir ist es schleierhaft, warum Hawking zu diesem Ansatz zurückgekehrt ist.

PM: Sie haben völlig recht mit Ihren Ausführungen, denn am Ende seines Buches bekennt Hawking: »Die M-Theorie ist die vereinheitlichte Theorie, die Einstein zu finden hoffte.«[16]

HPD: Die Annahme, es gebe unendliche viele Universen, ist für mich eine ziemliche Faulheit. Es kann alles Mögliche sein. Was die Vertreter dieser Auffassung zurzeit vorliegen haben, ist eine Art Standardmodell, noch dazu ein sehr kompliziertes. Ich könnte in diesem Zusammenhang selbst Einstein zitieren, der einmal gefordert hat: »Eine grundlegende Theorie zeichnet sich nicht nur dadurch aus, dass sie alles, was man messen kann, richtig darstellt, son-

16 Ebd., S.177: »Wenn die M-Theorie endlich ist – und das gilt es noch zu beweisen –, dann ist sie das Modell eines Universums, das sich selbst erschafft. Wir müssen ein Teil dieses Universums sein, weil es kein anderes konsistentes Modell gibt. Die M-Theorie ist die vereinheitlichte Theorie, die Einstein zu finden hoffte. Die Tatsche, dass wir – Menschen, die wir selbst nur eine Ansammlung fundamentaler Naturteilchen sind – dem Verständnis der Gesetze, die uns und unser Universum regieren, so nahe gekommen sind, ist ein großer Triumph.«

dern auch, dass sie von einer besonderen Art ist.« Es geht darum, dass diese grundlegende Theorie keine ähnlich gearteten in ihrem Umkreis hat, sondern dass alle Aspekte sozusagen »richtig einrasten«.

Die String-Theoretiker benötigen einen ganzen Sack von nicht erklärten Zahlen, mit denen sie ständig ihre Konstruktionen füttern müssen. Das ist geradezu eine barocke Geschichte. Wenn die Theorie hängt, dann malt man wieder ein neues kleines Bild und fügt es ein. Vielleicht ein bisschen schief, aber die Sache geht weiter.

Wenn man sie nach den Ursprüngen all dieser Zahlen fragt, dann gibt es keine wirkliche Antwort. Mal gibt es diese Zahl und dann wieder jene; und eines Tages ist aus irgendeiner dieser Zahlenzusammensetzungen zufällig der Mensch entstanden. Und der fragt dann: Warum sind denn diese Zahlen so. Ich finde das total komisch!

In den letzten hundert Jahren sind diese Theorien mit unzähligen Zahlen gefüttert worden. Da spielt die nichtlineare Theorie mit hinein und die Wechselwirkung und vieles andere. Und zum Schluss geben sie die Superarbeit dem »lieben Gott« auf. Ich weiß nicht, wie lange so ein Universum laufen muss, bis es wieder zusammenklappt. Auch diese vielen angenommenen »anderen Welten«, das ist auch wieder so eine Drückebergerei. Man sagt, es habe sich nur das eine verwirklicht, das andere aber nicht. Das lebt dann eben in anderen Universen, die gleichzeitig ablaufen. Dann taucht das Zeit-Problem auf, und sie sagen, das geschieht gleichzeitig.

Ich habe immer die Überzeugung vertreten, dass sich diese String-Theorie nicht belegen lässt. Ich glaube, sie ist am Absterben. Ihre Verfechter haben einen riesigen Aufwand betrieben, um sich als große Erfinder darzustellen. Und selbstverständlich müssen sie in die String-Theorie wieder eine Verbindung einfügen. Da erwidere ich natürlich: »Das braucht ihr überhaupt nicht zu tun. Die Verbindung ist von Anfang an da. Das ist genau das, was man nicht »von Hand« einfügen muss!«

Die Quantentheorie ist im Grunde viel kompakter, wenngleich ich das jetzt nicht in wenigen Sätzen erklären kann. Die angesprochenen Probleme oder Widersprüche liegen für mich ganz entscheidend in dem Umstand, dass man sich noch immer nicht von der alten Sprache getrennt hat. Im Hintergrund schwingt sie immer noch mit. Erst wenn man diese Relikte ablegt, schwingt auf einmal alles zusammen.

PM: Die »alte Sprache« verwendet sowohl der, der sie schreibt, als auch der, der sie liest?

HPD: Exakt. Deshalb gibt es auch keine Formel, die das

Dilemma löst. Es gibt allerdings eine Beziehungsstruktur, die jene unendlich große Möglichkeit enthält. Sie ist aber natürlich nicht dinglich, sondern auf eine Beziehung bezogen, wie immer man sie auch auffasst.

Ich bin selbst immer wieder verblüfft, wenn ich zu meinen Vorträgen, meinen PC-Stick mitnehme, auf dem rund achtzig meiner Vorträge mit je rund siebzig Bildern gespeichert sind. Darin enthalten ist eigentlich nur die 0/1 – beziehungsweise eine lange Ja/Nein-Kette. Es ist eine Abfolge, eine Gestaltstruktur, die dann zu all dem führt, was man sehen kann. Eigentlich undenkbar, dass dies funktioniert. Aber es geht!

Natürlich kommt zu der ganzen Geschichte noch mehr dazu: Raum und Zeit, Hardware und Software. Es ist viel Phantasie erforderlich, wenn wir ernsthaft über das Universum sprechen wollen!

XI.

Determinismus

PM: Determinismus ist die Gegenposition zu Ihrem Ansatz von wahrer Kreativität. Hawking zielt nun mit seiner Interpretation der Quantenphysik gerade darauf ab. »Die Quantenphysik zwingt uns lediglich dazu, neue Formen des Determinismus gelten zu lassen: Bei gegebenem Zustand eines Systems zu einer bestimmten Zeit determinieren die Naturgesetze die Wahrscheinlichkeiten verschiedener Zukünfte und Vergangenheiten, statt die Zukunft und Vergangenheit mit Gewissheit zu bestimmen.«[17]

HPD: Hawking ist phantasielos! Er ist sogar sehr phan-

17 Ebd., S.71

tasielos! Es ist genau umgekehrt. Hawking vertritt eine Quantentheorie, die eher der Quantenmechanik aus dem Jahr 1925 entspricht. Wir stehen heute an einem ganz anderen Punkt. Ich bin mir sicher und warte geradezu darauf, bis sie bemerken, dass sie mit ihrer String-Theorie nicht überleben können.

Wenn Hawkings Annahmen zutreffen würden, wäre das Leben doch ziemlich sinnlos. Ich habe wenig Sympathie für diese Theorie. Man scheut sich, angesichts von Hawkings schwerer Erkrankung, die naheliegende Frage zu stellen, ob er wahrhaft glaubt, dass auch sein persönliches Schicksal so vorherbestimmt war.

PM: Ich könnte natürlich aus Sicht der Mystik oder der Philosophie darauf antworten; aber Sie stehen auf dem Standpunkt, dass aus der Quantenphysik eine derartige Position des Determinismus nicht herleitbar ist?

HPD: Hawking hat offensichtlich wirklich nur die alte Quantenmechanik im Kopf – die Schrödinger-Gleichung. Mit der kann man gut rechnen. Wenn ich ein Elektron habe, dann geht es leicht. Wenn ich zwei habe, muss ich in den sechsdimensionalen Raum; und wenn ich hundert habe, in den hundertdimensionalen Raum. Dann zieht er offensichtlich noch eine Feldtheorie heran, was aber letztlich auch bedeutungslos ist. Wir leben in einer viel, viel größeren Welt. Wenn Hawking recht behielte, würde alles ziemlich sinnlos enden.

PM: In der Tat greift Hawking auf den »Feld-Begriff« zurück, wenn er ausführt: »Da wir heute glauben, dass alle Kräfte von Feldern übertragen werden, handelt es sich gleichzeitig um einen wichtigen Begriff der modernen Physik – nicht nur der Science-Fiction.«[18]

HPD: Auch diese Auffassung ist meines Erachtens nicht in Ordnung. Wenn wir von Feldern sprechen, zum Beispiel von »elektrischen Feldern«, dann finden wir eine Kraft vor, die durch die Felder geht. Etwa so, wie sich das Licht bewegt. Aber das eigentliche Feld ist die Ladung. Das Feld bewegt sich überhaupt nicht. Es ist wie bei der Gravitation; sie existiert, aber sie verändert sich nicht.

Das Licht, das sich hin und her bewegt, ist eine ganze andere Komponente als das, was den Magnetismus oder eine elektrische Ladung ausmacht. Ich glaube, man ist mit dieser Feld-Theorie einfach zu weit gegangen. Raum und Zeit sind kein Feld! Mir kommt die ganze Theorie sehr altertümlich vor.

18 Ebd., S.90

PM: Kann es in diesen Feld-Vorstellungen ein Konzept des »Informationsfeldes« geben? Sie haben sich ja auch intensiv mit Rupert Sheldrakes Idee der »Morphogenetischen Felder« beschäftigt, die ja etwas ganz anderes sind als Quantenfeldphänomene. Sehen Sie zwischen Biologie und Quantenphysik im Hinblick auf »Morphogenetische Felder« Berührungspunkte oder wäre das für Sie eine überzogene Interpretation?

HPD: Ich habe ja selbst eine Veröffentlichung[19] herausgegeben, in der wir uns mit diesen Fragen beschäftigt haben. Mich hat Sheldrake interessiert, weil er behauptet hat, er habe ein neues Feld entdeckt, das lernfähig ist. Also etwas ganz Neuartiges. Ich habe ihm damals gesagt: »Rupert, wenn es so ist, wie Du sagst, dann ist das eigentlich ein Quantenfeld, das lernfähig ist.«

PM: Sie würden also so weit gehen zu behaupten, ein Quantenfeld sei lernfähig?

HPD: Ja, das Quantenfeld ist lernfähig. Ich kann das auch mathematisch nachweisen, warum es lernfähig ist. Es ist lernfähig, weil es ganz anders ist als die energetischen Fel-

19 Hans-Peter Dürr/Franz-Theo Gottwald (Hrsg.): Rupert Sheldrake in der Diskussion, München 1997.

der. Es funktioniert nicht mit Lichtgeschwindigkeit, sondern unmittelbar. In einem Morphogenetischen Feld benötige ich keinen »Postboten«, der eine Nachricht von A nach B befördert. Das Feld existiert, und alles hängt mit allem zusammen. Das Feld ist sozusagen der Hinter- oder Untergrund, auf dem sich alles unmittelbar abspielt.

XII.

Bewusstsein

PM: Es gibt heute eine Fülle an Literatur, die sich mit »Zellintelligenz« oder ähnlichen Gedanken befasst. David Bohm gebrauchte einmal in einem Gespräch mit Krishnamurti die Formulierung »auch ein Elementarteilchen habe Bewusstsein«. Würden Sie dieser Idee zustimmen?

HPD: Das hängt von der Interpretation des Wortes »Bewusstsein« ab. Es wird immer schwieriger, sich darüber zu verständigen, weil dic Fülle der Deutungen kaum noch zu überschauen ist. Ich verwende den Terminus Bewusstsein, wenn ich auf das »helle Bewusstsein« verweisen möchte. Das Umfeld des Wortes Bewusstsein umfasst Reflexion,

Wissen und Sprache. Wenn ich von Wissen rede, dann weiß ich, dass ich etwas wissen kann. Ich kann über etwas reflektieren und die alten Vorstellungen von Wissen und Erkenntnis zum Einsatz bringen. Das stellt eine Möglichkeit der Vergröberung dar. Betrifft aber eine Welt, in der Lebendigkeit, in dem Sinne, wie ich das Wort verstehe, nicht vorhanden ist.

Wenn heute im allgemeinen Sprachgebrauch das Wort Bewusstsein benutzt wird, dann wird auf die Welt von außen geschaut und darüber gesprochen. Wir verwenden eine Sprache, die nichts mit Kreativität zu tun hat. Wir vergessen die Feinheiten, das, was sich im Hintergrund abspielt. Alles ist »ausgemittelt«, und da müssen die Feinheiten zur Seite treten.

Mir geht es aber gerade um die Mechanismen im Hintergrund, um den Schmetterling, der den Taifun auslöst. Natürlich bildet sich nicht jeden Tag ein Taifun; aber wenn er eintritt, dann sind alle Zeitungen voll davon!

PM: Aber vor einem buddhistischen oder einem holographischen Hintergrund wäre der Gedanke eines Bewusstseins des Elementarteilchens durchaus denkbar. Es geht um ein »Bewusstseinsfeld«, um das Sein des Ganzen. Es ist wieder jenes »Tat tvam asi« (Du bist DAS) vom Anfang unseres Gespräches.

HPD: Natürlich kann sich das Bewusstsein eines Ich ausdehnen, allerdings habe ich dann Schwierigkeiten, wie ich das eigentlich bezeichnen soll. Selbst beim »Hellen Bewusstsein« bleibt mir die Schwierigkeit erhalten, dass ich auch von einem »Dunklen Bewusstsein« sprechen könnte – und dann wären wir schon wieder in der Dualität.

Ich neige daher eher dazu, von »Ahnung« zu sprechen. Etwas, was sich im Hintergrund bewegt und noch nicht wirklich in mein Bewusstsein eingetreten ist. Erst wenn es zu einer Idee wird, wird es für mich erlebbar und im wirklichen Sinne »bewusst«. Das »Wissen des Ganzen« ist etwas, vor dem ich zurückscheue, weil diese Formulierung mir zu nahe an dem »ich weiß es« liegt.

PM: Advaita-Vedanta meint ja tatsächlich »das Ende des Wissens«. Das hat schon einen finalen Charakter.

HPD: Genauso ist es. Wenn ich mein Ich wahrnehme und empfinde, dass es verschiedene »Größen« hat, dann bin ich immer noch in einer bestimmten Bewusstseinsstruktur, in der ich aber gewissermaßen schon die Hand geöffnet habe und nach etwas anderem greife. Ich kann es nicht begreifen, aber ich kann dieses Gefühl als »Orientierung« verwenden. Orientierung hat nicht diese Schärfe, aber ich kann sie in mein Bewusstsein hineinnehmen.

Dann habe ich auch das Geistige, die Empathie und all das andere erfasst. Aber mein analytisches Verständnis ist nunmehr abgeschaltet. Aber ich kann noch mit Verben darüber sprechen, und mein Gegenüber, das eingestimmt ist, wird nicken – und es wird ein Verstehen da sein. In diesem Sinne würde ich von Bewusstsein sprechen.

PM: Es ist eigentlich das Bewusstsein des Mystikers. Worüber ich nicht sprechen kann, darüber muss ich schweigen!

Renée Weber
Alles Leben ist eins
Die Begegnung von Quantenphysik und Mystik

Seit den Tagen von Descartes ist die Schere zwischen Spiritualität einerseits und Naturwissenschaft andererseits immer weiter auseinandergegangen – mit verheerenden Folgen für die Menschheit. Jetzt ist die Zeit gekommen, um die beiden Welten wieder zu verbinden und zu erkennen: Die Welt ist eins!

Renée Weber, Professorin der angesehenen Princeton-Universität, gelingt in ihrem Werk der Brückenschlag zwischen den nur scheinbar getrennten Reichen durch einen faszinierenden Dialog zwischen großen Mystikern und bedeutenden Physikern und Biologen. Gerade die moderne Quantenphysik und die Biologie haben durch Forscher wie David Bohm oder Rupert Sheldrake die Basis geliefert, auf der diese neue Brücke errichtet werden kann.
So zählen die Gespräche zwischen dem Dalai Lama und Bohm auch zu den Höhepunkten des Buches.

Wenn ein neues Zeitalter eingeläutet werden soll, dann wird dieses nur anbrechen, wenn die Trennung zwischen Naturwissenschaft und Spiritualität überwunden und eine neue Einheit erkannt wird. Renée Weber leistet dafür einen entscheidenden Beitrag!
ISBN: 978-3-86191-022-0
Hardcover, 352 Seiten

Renée Weber
ALLES LEBEN IST EINS
Die Begegnung von Quantenphysik und Mystik
David Bohm · Krishnamurti · Ilya Prigogine
Dalai Lama · Bede Griffiths · Rupert Sheldrake
Lama Anagarika Govinda · Stephen Hawking
Crotona

Hans-Peter Dürr
Geist, Kosmos und Physik
Gedanken über die Einheit des Lebens

Kaum ein anderer lebender Naturwissenschaftler besitzt die Fähigkeit, mit solcher Geistesklarheit die tiefsten Einsichten von moderner Quantenphysik mit dem uralten spirituellen Menschheitswissen zu verknüpfen wie – Hans-Peter Dürr!

Es gelingt Dürr scheinbar mühelos, eine Synthese zwischen den meditativen Einsichten der Weisen des Ostens und den aktuellen Erkenntnissen der modernen Naturwissenschaften herzustellen. Dabei verliert er sich niemals in langatmigen akademischen Erläuterungen, sondern hat stets den Menschen und die gesellschaftliche Wirklichkeit des 21. Jahrhunderts im Blick.
Ein Brückenschlag zwischen zwei Welten, der vielleicht niemals notwendiger war als zurzeit.

ISBN: 978-3-86191-003-9
Paperback, 96 Seiten

Hans-Peter Dürr

Hans-Peter Dürr
Geist, Kosmos und Physik
Gedanken über die Einheit des Lebens
Crotona

Carl Friedrich von Weizsäcker
Gopi Krishna
Yoga und die Evolution des Bewusstseins
Die wissenschaftliche Grundlage der spirituellen Erfahrung

Carl Friedrich von Weizsäcker, einer der bedeutendsten Brückenbauer zwischen abendländischer Wissenschaft und östlicher Weisheit, zeigt in seinem Dialog mit dem großen Yoga-Meister neue Perspektiven in der Entwicklung des menschlichen Bewusstseins auf. Noch immer sind weite Bereiche des geistigen Potenzials des Menschen unerschlossen und warten auf ihre Erweckung. Ein Weg dazu ist die Yoga-Praxis. Aufbauend auf einer persönlichen Freundschaft und einem tiefen gegenseitigen Respekt, loten Weizsäcker und Gopi Krishna die Tiefen des menschlichen Bewusstseins aus und nähern sich Grenzen, die eine kommende Menschheit zu überschreiten berufen ist. Dieser Weg ist nicht ungefährlich. Er erfordert großen Mut, vollkommene Aufrichtigkeit und Ernsthaftigkeit sowie die Bereitschaft der Hingabe an ein spirituelles Ideal.
Welche Grundlagen dafür maßgebend sind, zeigen der Philosoph und der Yogi in ihrer faszinierenden „Begegnung zweier Geisteswelten“ auf einzigartige Weise auf.

Ein Ausblick auf den Menschen der Zukunft!

ISBN: 978-3-86191-004-6
Hardcover, 144 Seiten

Ein bahnbrechendes Buch
zum Verständnis des
menschlichen Bewusstseins!

Carl Friedrich von
WEIZSÄCKER
Gopi Krishna

YOGA UND DIE EVOLUTION DES BEWUSSTSEINS

Die wissenschaftliche Grundlage der spirituellen Erfahrung

Crotona